LÉONCE GRASILIER

—

L'AVENTURE

DES

QUATRE SERGENTS DE LA ROCHELLE

(1822)

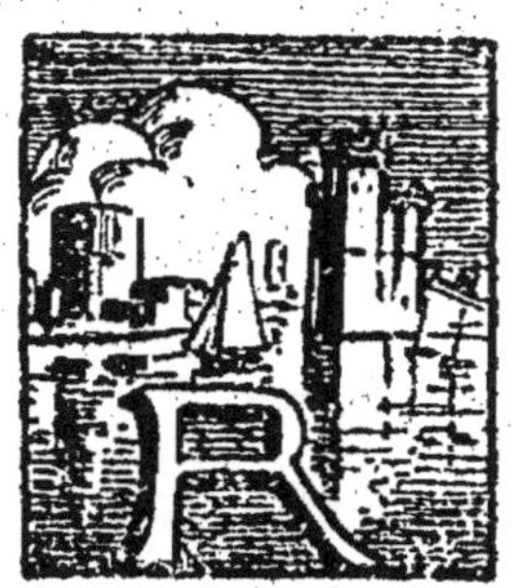

ÉDITIONS RUPELLA
CHARLES MILLON, LA ROCHELLE

—

1929

L'AVENTURE

DES

QUATRE SERGENTS DE LA ROCHELLE

*Il a été tiré de cet ouvrage
trente exemplaires sur pur fil
Lafuma, numérotés de 1 à 30.*

Portraits extraits du dessin original de Cortès saisi en 1822
(lithographié en 1830)

LÉONCE GRASILIER

L'AVENTURE

DES

QUATRE SERGENTS DE LA ROCHELLE

(1822)

EDITIONS RUPELLA

CHARLES MILLON, LA ROCHELLE

1929

NOTA

Les 16 premiers chapitres
de ce livre ont été publiés
dans *La Gazette d'Aunis*, à
La Rochelle, pour la pre-
mière fois, en 1925 et 1926.

Avant - Propos

—

Tous ceux qui se sont occupés du sujet traité ici ont, tous sans exception, pris pour base de leur étude les Souvenirs de la Conspiration de La Rochelle, prétendus écrits par l'un des comparses et publiés d'abord dans la Revue de Rouen et de la Normandie, puis reproduits dans un petit volume in-douze de 93 pages, en 1845. Le livre est signé par un certain Lefèvre ; mais, on a de sérieuses raisons de croire que c'est, d'après les récits de cet homme, l'œuvre d'un tiers qui a donné libre cours à son imagination pour écrire des choses qui ne concordent ni avec les faits connus, ni avec les documents authentiques d'une incontestable exactitude.

Un fait suffira pour prouver le peu de sérieux de Lefèvre. C'est la prétendue mission que Bories lui aurait donnée à Sainte-Maure, pendant le voyage de Paris à La Rochelle. D'abord, comme il n'était pas carbonaro, Bories ne pouvait, en aucune façon, lui confier ni mission, ni secret ; or, lui-même a avoué qu'il n'était pas alors initié, pas même affilié. En second lieu, il était matériellement impossible à un cavalier, et surtout à un fantassin ne connaissant rien de l'équitation, n'ayant pas l'habitude du cheval et nullement entraîné, d'accomplir dans la nuit, en un pays inconnu, la randonnée que Lefèvre déclara avoir mystérieusement et fidèlement accomplie. Ajoutons qu'après cet exploit le soldat, sans désemparer, le fusil sur l'épaule, sac au dos et lourdement chargé, aurait allègrement couvert l'étape règlementaire. C'est invraisemblable.

Quant à la rixe d'Orléans, il n'était pas au déjeuner de La Fleur de Lys, et tout ce qu'il raconte ne concorde en rien avec les dires des témoins. Cependant, s'il reconnaît y avoir pris part, il faudrait admettre que ce fut lui le soldat ivre qui réclamait avec l'insistance du « pochard » son sergent retenu dans le poste des gardes suisses.

C'est un homme qui a voulu se tailler une popularité et peut-être faire de gros sols, en profitant de l'heure du réveil populaire, lorsqu'on célébrait les quatre sergents comme héros martyrs de la liberté et que l'on chantait des hymnes à leur gloire sous le règne du roi citoyen dont ils avaient avancé l'avènement.

On ne doit pas omettre une remarque importante. Lefèvre, sans motif, sans nécessité, a commis de plus une vilaine action, en osant jeter la suspicion sur Raoulx, le plus sympathique peut-être, le moins coupable assurément des quatre sergents. Si la vantardise mensongère se pardonne, la perfidie de la calomnie ne se pardonne pas.

On verra (appendice I) les motifs pour lesquels il ne sera pas tenu compte ici du récit du soldat Lefèvre et pourquoi nous n'avons parlé de lui qu'à la minute, assez brève, du reste, pendant laquelle il a été mêlé à cette aventure.

Les premiers historiens des Quatre Sergents furent naturellement les rédacteurs des journaux de l'époque. Or, il ne faut pas chercher chez eux l'impartialité, ni même l'exactitude élémentaire d'un compte rendu d'audience.

Si les conservateurs sont trop muets, les libéraux, par contre, sont loquaces et dépassent la mesure ; cette intempérance de langage en a fait poursuivre quelques-uns et censurer les autres. Cette source d'information ne doit donc être utilisée qu'avec une minutieuse attention.

Après les articles de presse, viennent les nombreuses publications populaires et les romans. Aux premières, qui ne sont que le produit de l'exaltation, quand elles ne sont pas une exploitation des sentiments généreux du peuple, il ne faut pas demander la moindre documentation historique. Quant aux romans inspirés par cette affaire, ce ne sont que des œuvres d'une imagination fantaisiste, grandiloquente comme celle due à la plume de Paul Mohalin, ou ridicule à l'excès comme celle de Clémence Robert, qui ne tient nul compte des faits de même qu'elle montre une ignorance totale des lieux où ils se sont déroulés ; ou bien c'est le produit d'un gratte-papier sans conscience qui pour quelques écus a griffonné un amas malpropre, tendancieux, afin d'infiltrer dans l'esprit du populaire la haine et le mépris des hommes et des institutions. Ce sont toutes ces productions qui ont jusqu'ici popularisé les Quatre Sergents de La Rochelle (1).

Aussi n'avons-nous cherché notre documentation d'abord que dans les documents officiels et authentiques des Archives Nationales, notamment dans les papiers de la Police Générale, dans les cartons si abondamment pourvus des complots et conspirations sous Charles X ; dans ceux des ministères de la Justice et de l'Intérieur. Les archives de la Guerre ne possèdent aucun dossier, l'affaire ayant été déférée à la justice civile dont les papiers ont été anéantis en 1871, dans l'incendie du Palais de Justice. Cependant, nous avons pu avoir, au Dépôt de la Guerre, commu-

---

(1) Nous ne mentionnons que pour la forme les *Quatre Sergents de La Rochelle* mis en scène naïvement au théâtre du *Cirque* entre autres. La pièce anti-cléricale de Laboulaye et Jules, montée à l'Ambigu en 1832, n'a aucun rapport avec la réalité. Il y eut aussi des poésies, des chansons et des gravures dont la bibliographie serait fastidieuse.

nication d'un petit dossier, composé d'une dizaine de lettres, sur la découverte du complot, toutes d'une grande importance.

C'est dans l'œuvre des historiens que nous avons cherché l'ambiance de l'affaire, plutôt que son récit. Là aussi, comme dans les journaux, il faut faire une sélection ; aussi bien les écrivains royalistes, passionnés, que les libéraux, exaltés, de cette époque sont sujets à caution. De tous, c'est à l'historien des Deux Restaurations, à de Vaulabelle que nous avons accordé la préférence après mûr examen ; et c'est à lui que nous avons emprunté de nombreux fragments. Nous avouons notre larcin sans honte, car nous rendons hommage à cet auteur que l'on a dédaigné par trop quand on ne l'a pas méprisé.

Un auteur contemporain, E. Guillon, est celui qui a le mieux traité le sujet si varié des Complots et des Conspirations sous l'Empire et sous la Restauration (1).

Enfin, des papiers de différentes sources qui nous ont été communiqués, les plus importants sont ceux du comte Henri Boulay de la Meurthe qui fut l'un des défenseurs au procès et qui, ne se contentant pas de parler pour son client, éleva fréquemment la voix pour la défense de tous les accusés, et de ses confrères pris à partie par le fougueux procureur général. Cet honnête homme — parvenu à la vice-présidence de la République

(1) 2 volumes. 1895. Plon éditeur.

sous le Prince Louis-Bonaparte en 1848 — a rédigé des notes pleines d'intérêt qui nous ont été fort utiles pour notre travail et nous avons cru devoir reproduire quelques-uns de ces documents en appendice.

C'est pour nous un devoir très juste et très agréable de remercier en terminant MM. les Archivistes de la Section Moderne aux Archives Nationales, M. Saal, attaché aux Archives de la Guerre, M. Henry Malo, bibliothécaire de la Bibliothèque historique de l'Institut (Hôtel Thiers), MM. F. de Vaux de Foletier et Millot, des Archives du département de la Charente-Inférieure, qui ont mis leur inlassable complaisance et leur érudition à faciliter nos recherches.

A tous, encore une fois, merci.

Mon devoir, en terminant, est de témoigner à mon concitoyen Charles Millon toute ma reconnaissance pour l'aide qu'il m'a fournie, notamment en ce qui concerne les quelques Rochelais mêlés à cette affaire. Son arrière-grand-père avait donné asile au général Berton ; il était donc plus qu'aucun autre qualifié pour venir à mon aide lorsque ma santé fut altérée et ma vue assombrie par suite d'un surmenage trop intense qui retarda de trois ans la publication de ce livre. Que M. Ch. Millon accepte ici l'expression de ma reconnaissance, autant comme collaborateur que comme éditeur.

L. G.

PREMIÈRE PARTIE

CHAPITRE PREMIER

Le 45ᵉ régiment de ligne
Le Sergent-Major Bories

Le 12 février 1822, un nouveau régiment venait tenir garnison à La Rochelle : c'était le 45ᵉ de ligne.

Ce régiment, vieux de deux siècles, avait été créé, dès les premiers temps de la régence d'Anne d'Autriche, pour récompenser l'un des plus anciens et des plus dévoués serviteurs de Louis XIII, disgracié par Richelieu : Nicolas de l'Hôpital, marquis de Vitry, qui fut chargé comme capitaine des Gardes, en 1617, de l'assassinat du maréchal d'Ancre, et, pour ce fait, créé maréchal de France. La régente lui accorda, pour son fils âgé de vingt-cinq ans, la charge de « mestre de camp » de ce régiment d'infanterie qui devait porter ses couleurs : le bleu pour fond des drapeaux.

Fait curieux, à peine assemblés, les soldats débutèrent par une mutinerie, à l'occasion de la condamnation à mort de l'un d'eux, coupable de meurtre. Ils voulaient empêcher l'exécution ; mais l'attitude énergique du capitaine de Pontis, qui commandait aux lieu et place de Vitry, eut vite fait de rétablir l'ordre et d'assurer l'autorité.

La première bataille à laquelle le nouveau régiment reçut le baptême du feu fut Rocroy et, jusqu'en 1665, il ne cessa de guerroyer.

Lorsqu'Anne d'Autriche mourut, en 1660, son régiment porta son deuil et, pendant un siècle, il ajouta des ornements noirs à ses brillantes couleurs.

Après avoir porté pendant six ans le nouveau nom de *Régiment d'Artois* (1666-1673) et s'être glorieusement illustré, surtout au siège de Maëstricht, il changea encore une fois de désignation. Louis XIV, tenant à le récompenser de sa belle conduite et lui donner une marque toute particulière d'estime et de reconnaissance, le fit entrer dans « sa Maison » sous le nom de *La Couronne*, avec, au centre de ses drapeaux, une couronne d'or et une inscription rappelant sa gloire à Maëstricht.

Pendant cent dix-huit ans, le régiment de *La Couronne* fut à la peine et à l'honneur, puis il continua ses hauts faits sous la modeste et démocratique désignation de *45ᵉ régiment d'infanterie*, de 1791 à 1815, durant les guerres de la Révolution et de l'Empire, sur tous les champs de bataille.

Quand Napoléon fut tombé et que rien ne fut conservé de ce qui pouvait rappeler les jours de gloire chèrement payés, le 45ᵉ régiment de ligne devint la *Légion d'Eure-et-Loir* (1816) du nom du département dans lequel avait eu lieu sa nouvelle formation. Elle était composée, en effet, de beaucoup de jeunes gens du pays, mais aussi de débris de la fameuse armée de la Loire, vieux soldats de l'Empire et capitaines de carrière. La dénomination territoriale ayant ses inconvénients et étant au surplus irrationnelle, la numérotation fut rendue aux régiments. En 1821, le 45ᵉ régiment avait ses deux bataillons en garnison au Havre et à Dieppe, ayant à sa tête le colonel de Toustain de Funbroc, homme de discipline, pénétré de tous les principes de l'ancien régime. Il avait émigré et conquis tous ses grades en dehors de France (1).

(1) De Toustain de Funbroc (Victor-Louis-Alexandre, Marquis), né à Paris, le 28 février 1774. Sous-lieutenant au régiment des *Chasseurs des Flandres*, 10 octobre 1789. Émigré 1791. Services à l'armée de Condé, en Russie, en Portugal. Services en France, Garde du corps 10 juin 1814 (rang de lieutenant-colonel). Colonel

Son dévouement au roi était reconnu et sous son autorité le 45e régiment « épuré » avait une réputation de bonne discipline et de loyalisme.

C'est en raison de cette bonne réputation qu'on l'appela à Paris, en 1821, pour tenir garnison. Ses deux bataillons furent casernés, l'un rue du Foin-Saint-Jacques, l'autre rue Jean-de-Beauvais, au centre d'une population d'ouvriers et d'étudiants fortement imbus d'idées libérales, voire même révolutionnaires.

L'autorité ne tarda pas à s'apercevoir du danger d'une telle promiscuité et huit mois étaient à peine écoulés qu'en janvier 1822 le régiment recevait l'ordre d'aller tenir garnison loin de Paris, à La Rochelle.

Lorsque, le 14 février, le 2e bataillon arriva à La Rochelle, le sergent-major Bories (1), qui le suivait dans cette ville avec la 2e compagnie du 1er bataillon, et était sous la garde de police, fut mis en arrestation, puis conduit à la prison militaire de la Tour de la Lanterne.

de cavalerie. Colonel de la Légion d'Eure-et-Loir, 12 octobre 1815. Maréchal de camp, 30 juillet 1823. Mort le 24 avril 1829. Décoré de tous les ordres français, russes et portugais.

(1) C'est à tort que certains ont écrit *Boriès*. L'acte de naissance ne porte pas d'accent grave, et dans le pays on prononce *Bori*.

Le contrôle du 45e régiment de ligne le qualifie de *greffier*.

C'était un beau garçon (1), de figure agréable
sous une chevelure du châtain le plus foncé, le
regard clair et franc, parfois, cependant, comme
assombri par une rêverie intérieure.

A cette époque, Jean-François-Clair Bories n'a-
vait pas encore 27 ans, étant né le 1er juin 1795,
à Villefranche-d'Aveyron, d'une famille de paysans, selon les uns, d'artisans, selon les autres. Il
reçut une bonne éducation primaire, qu'il déve-
loppa lui-même par son ardent amour de l'étude
et une grande aptitude à des spéculations élevées.
Il était « employé aux écritures », lorsqu'il s'engagea, de bonne heure, dans les rangs de l'armée
impériale. Il aurait été, dit-on, blessé à Waterloo (2). Son temps fini, il s'empressa de se rengager, pour une période de six ans, aux voltigeurs
de la Garde royale, avec l'espoir de gagner les galons de sous-lieutenant, car son désir était de suivre la carrière des armes, carrière qui répondait le
mieux à ses aspirations, à son caractère ardent et
avantageux.

Trélat, qui avait connu ce sous-officier, trace de
lui ce portrait qu'embellit la sympathie politique :
« Sous un extérieur plein de douceur et de grâce,

(1) Voici son signalement d'après l'acte d'accusation :
taille 1 m. 70, cheveux et sourcils bruns, front moyen,
yeux bruns, nez pointu et bossu, menton rond, bouche
moyenne, visage ovale, une cicatrice sur le nez.

(2) Le contrôle du 45e régiment d'infanterie ne fait
pas mention de services antérieurs à la Restauration,
ni de cette blessure par conséquent.

Bories cachait l'âme la plus élevée et la plus ferme. Il n'avait du militaire que le courage et la franchise, sans aucun des défauts que produit l'oisiveté des camps ; ses mœurs étaient pures, ses goûts simples, sa vie retirée ; il passait la plus grande partie de son temps à la lecture. Entré fort jeune au service, il avait toutes les qualités du citoyen et il s'enflammait souvent pour l'éclat de notre gloire militaire » (1).

Dans son exaltation politique, Trélat décerne sans mesure l'éloge et la gloire à ceux qui, comme lui, avaient embrassé avec une immense ardeur la cause de la Liberté ; de même qu'il n'a pas ménagé tous ceux qu'il jugeait des ennemis de cette cause, tous ceux dont, parfois sans preuve, il suspectait les opinions, les tendances et même la bonne foi. Il a vu et dépeint les gens avec un verre grossissant ; mais aujourd'hui, avec le recul du temps, on les remet dans leurs proportions.

Ces qualités morales de Bories sont aussi attestées par un homme plus pondéré, mais que des raisons politiques inclinaient à une extrême bienveillance. Le comte Boulay de la Meurthe, qui fut vice-président de la République en 1848, a écrit, en effet, ses impressions sur Bories dont il loue « l'esprit, la force d'âme et de tête, la facilité d'élocution et les grandes qualités de cœur (2).

(1) Article de *Paris Révolutionnaire*.

(2) Cte BOULAY DE LA MEURTHE. *Notes manuscrites sur les accusés militaires.*

C'était à dessein qu'il avait choisi la Garde royale où l'on jouissait de certains privilèges, qui favorisaient sa noble ambition et que secondait son opiniâtreté à l'étude.

Cette ambition si noble se trouva, à maintes reprises, comme entravée par le fait de son caractère impondéré, l'inconséquence de ses propos qui trahissaient trop souvent son amour excessif pour l'indépendance et qu'envenimaient les lenteurs de l'avancement.

S'il avait eu le moindre grade dans la première période de ses services, il l'avait perdu en contractant un nouvel engagement dans l'armée de la Restauration. Il lui fallut donc dix mois pour devenir caporal, en janvier 1817, et ce ne fut que dix-huit mois après qu'il reçut les galons de sergent-major. C'est avec ce grade que, par arrêté spécial, il passait à la légion d'Eure-et-Loir, ou 45e régiment d'infanterie.

Cette mutation, motivée par la nécessité d'encadrer les jeunes soldats de la légion de sous-officiers instruits et expérimentés, avait aussi une autre raison. Bories n'avait pas exclusivement attiré sur lui l'œil de ses chefs par ses capacités et sa parfaite discipline, mais encore par sa conduite trop réservée qui avait éveillé certains soupçons que confirmèrent des fréquentations d'hommes connus pour leurs sentiments très libéraux. On ne pouvait pas, toutefois, lui reprocher de s'être fait recevoir franc-maçon, car, dans chaque corps de troupe, il y avait un grand nombre d'officiers et de soldats dans le même cas.

Bories croyait trouver dans la franc-maçonnerie une association d'hommes décidés à conquérir la Liberté, à établir le règne de la démocratie égalitaire et la fraternité ; il éprouva quelques désillusions. Après un demi-sommeil sous l'Empire (elles étaient alors dirigées par l'archi-chancelier Cambacérès, dévoué à Napoléon), les Loges, sous Louis XVIII, considérablement diminuées de nombre, gardèrent, moyennant une autorisation particulière et sous des conditions spéciales, pendant quelques années, l'apparence de sociétés philanthropiques, où l'on donnait des fêtes aimables et des banquets joyeux (1), auxquels assistaient les dames maçonnes. On y chantait, en vers très égrillards, tout à la fois les divinités de l'Olympe et les saints du Paradis.

Ces pratiques devaient scandaliser Bories, qu'un biographe nous peint de mœurs pures, en ajoutant : « Les hommes chastes ont toujours été des hommes dangereux » (2).

Derrière ce rideau séduisant, les loges conspiraient, les grands maîtres seuls tenaient les fils de

(1) Par exemple la fête du solstice d'été de la Saint-Jean, à la *Loge des Neuf Sœurs.*

(2) Paul DETHOMAS. *Le procès des quatre sergents de La Rochelle.* Discours prononcé le 7-12-1912 à la conférence des avocats à la cour d'appel de Paris (*Gaz. des Trib.* du 31-12.)

la trame ignorée des vulgaires affiliés. Bories, simple maçon, réduit à l'inaction dans une association qu'il croyait en lutte ouverte, ardente contre le despotisme, pour le triomphe du peuple, était désillusionné et rongeait son frein impatiemment, lorsqu'un jour, peu après l'arrivée du 45e à Paris, venant de la Seine-Inférieure, il fut rencontré par un ancien camarade, alors étudiant, dans ce Quartier-Latin où le régiment était caserné.

Par suite de cette heureuse et fortuite rencontre, Bories sortit un peu plus de la chambre, où il se confinait, dans l'ancien collège des Grassins transformé en caserne, de la chambre qu'avait occupé Boileau, dit-on. Les deux amis se firent de mutuelles confidences, et c'est ainsi que l'étudiant révéla au sergent-major l'existence d'une société secrète toute nouvelle qui, pleine d'ardeur, devait employer les grands moyens pour parvenir à la conquête de la Liberté. Bories, enthousiasmé, se fit affilier aux *Carbonari*.

CHAPITRE II

Les Sociétés secrètes
Les Carbonari

On nous permettra d'interrompre ici notre historique pour parler un peu de ces curieuses sociétés.

« La France, sous la seconde Restauration, dit de Vaulabelle, offrit le phénomène politique étrange d'une nation troublée, agitée en sens contraires, par une double organisation de sociétés secrètes dont l'existence fut simultanée, l'action parallèle et le but opposé : les unes pour refouler la France au delà de 1789, les autres pour la maintenir en deçà ; les premières inspirées, conduites et soutenues par l'héritier présomptif de la couronne, formées de gens de cour, de pairs, de députés, de généraux et de fonctionnaires de tous les

ordres, poussées par le clergé, et qui étaient destinées à envahir progressivement les hautes positions, puis à s'emparer du gouvernement lui-
même. »

Ces réactionnaires déployaient une telle ardeur,
au rétablissement des choses comme avant la Révolution, que Louis XVIII, lui-même, leur disait :
« Nous voici dans la situation de ce pauvre cavalier qui, n'ayant pas assez d'élasticité pour sauter
sur son cheval, pria saint Georges avec tant de
ferveur que saint Georges lui en donna plus qu'il
ne fallait et qu'il sauta de l'autre côté. » Le roi
clairvoyant jugeait, en effet, ce qui devait fatalement arriver : les royalistes ultras firent passer le
roi par-dessus la frontière.

Les secondes organisations étaient composées
d'hommes et de jeunes gens de la classe moyenne,
d'officiers inférieurs, de sous-officiers. Des deux
parts les initiés ont repoussé comme des calomnies
les révélations qui pouvaient éclairer leur origine
et leurs actes ; la publicité de nombreux débats judiciaires vint soulever le voile qui environnait les
conspirateurs organisés au nom de la Liberté ; la
lumière fut plus lente à se produire pour l'organisation royaliste.

La France souffrait d'un malaise général et le
trône des Bourbons se trouva tout à coup environné et sapé comme par une invasion de termites,
par des sociétés secrètes sous des noms singuliers:
le *Lion dormant*, les *Patriotes de 1816*, les *Vau-*

tours de Bonaparte, l'*Epingle noire*, les *Bons Enfants*, la *Loge des trois cents laboureurs du champ de la Veuve*, l'*Ordre de l'Amitié*, les *Amis de la Vérité*, les *Chevaliers de la Liberté*, les *Carbonari* et enfin cette variante aristocratique, si l'on peut dire, de la franc-maçonnerie : l'*Ordre de Misraïm* (1), fondé par des juifs, les frères Bédarides (2).

Depuis 1815, des complots surgissaient de temps à autre, mais c'est de 1819 que date réellement l'ère des conspirations. A la fin de cette année, un projet de loi sur les élections mit le feu aux poudres, un mouvement uniforme fut imprimé dans tous les départements avec la plus étonnante rapidité.

Les *Chevaliers de la Liberté* tirent leur origine d'une petite réunion d'officiers sans emploi réunis à Paris, dans un hôtel de la rue de la Harpe, entre Cluny et Saint-Séverin. Ces hommes, condamnés au désœuvrement, nourrissaient, contre le gouvernement qui avait brisé leur avenir, les mêmes sentiments et s'entretenaient continuellement entre eux de la possibilité de renverser les Bourbons et de ramener Napoléon ; on était aux derniers mois de 1814 et l'on parlait, déjà, par

(1) C'est le nom hébreux de l'*Egypte*.

(2) Léonce Grasilier. *Simon Duplay et les Sociétés secrètes sous la Restauration* (Extrait de la *Revue internationale des Sociétés secrètes*. Paris, 1913.)

tout de complots. Ils conçurent le projet de fonder une association entre les chevaliers de la Légion d'honneur, dans le but de seconder l'insurrection tendant à ramener l'empereur. Il leur parut bientôt que limiter l'association aux seuls membres de l'ordre, c'était la restreindre par trop et que, dès lors, son titre devait être modifié en celui plus large de *Chevaliers de la Liberté* qui permettait d'attirer à elle tous les patriotes.

Les moyens de propagande étaient simples, ingénieux et prudents ; les correspondances, les listes, les notes, en un mot tous les écrits, étaient rigoureusement interdits ; l'on prêtait serment de ne rien révéler, de se pourvoir d'armes et de se tenir prêt à tout événement. Chaque affilié avait le devoir de recruter, de faire des prosélytes, et le droit d'initiation. Dix chevaliers formaient un *Comité*, c'est-à-dire un groupe isolé ; les chefs des comités seuls se connaissaient entre eux et formaient un *comité principal*. Toutes les communications se faisaient de vive voix et l'impulsion directrice venait du *comité central* de Saumur.

Un signe manuel servait de reconnaissance ; c'était le nombre 5, formé avec les doigts levés ou étendus. Ainsi un affilié présentait un, deux ou trois doigts ; si la personne à laquelle il s'adressait complétait le nombre 5 en présentant à son tour quatre, trois ou deux doigts, la reconnaissance était accomplie.

Point de cotisation, mais des sacrifices volontaires de personnes, de temps et d'argent.

Plus par prudence que pour attirer des adhésions de gens moins épris de libéralisme, le but apparent de la société était ainsi défini : « Maintenir l'intégrité de la Charte, obtenir le rétablissement de la loi électorale de 1817 et délivrer le roi des hommes de cour et de contre-révolution ». Mais les aspirations, soigneusement gardées secrètes, dépassaient de beaucoup ce but d'apparence fort légitime.

Pendant que s'organisait, dans le Saumurois, le Berry et diverses localités des provinces de l'Ouest l'association des chevaliers de la Liberté, une autre association se formait à Paris, qui, devenue plus forte et par les personnalités qui en furent les parrains et par le nombre des adhérents, absorba la société de province au point d'en faire sa pupille et le premier échelon de ses adeptes.

Cette association avait adapté au caractère français les statuts des *Carbonari* italiens, et fondé la *Charbonnerie*, sorte de franc-maçonnerie combattante, plus active et plus audacieuse.

Comme sa mère napolitaine, la Charbonnerie employait un langage symbolique dont les termes tiraient leur origine du métier de bûcheron-charbonnier. Ainsi : *Purger la forêt*, signifiait *délivrer la patrie des étrangers et des despotes.* Le charbon lui-même était un symbole, car il purifie l'air ; allumé il éloigne les bêtes féroces des habitations, et c'est pour cela que le cri de ralliement était : *Vengeance au mouton opprimé par les loups*. Le lieu d'assemblée s'appelait *hutte*, la contrée environnante, *forêts*, l'intérieur de la réunion, *vente* (lieu où l'on vend). Un groupe de *huttes* formait une *république*. La Charbonnerie française se composait d'une *haute vente*, autorité suprême qui élisait elle-même ses membres ; elle était unique et possédait le pouvoir souverain. Le nombre des *ventes particulières* et *centrales* était illimité. Chaque réunion de vingt carbonari formait une *vente particulière* qui élisait dans son sein un *président*, un *censeur* et un *député*. Lorsque ces ventes atteignaient le nombre de vingt dans la même ville, la même localité ou le même département, leurs vingt députés se réunissaient et formaient une *vente centrale* ayant la même organisation. Chaque vente centrale avait elle-même un député qui communiquait avec la haute vente, laquelle avait elle-même un émissaire accrédité près du comité directeur. Les membres des différentes ventes restaient étrangers les uns aux autres et ne pouvaient correspondre qu'au moyen de députés seuls initiés aux relations d'une vente à l'autre, en telle sorte qu'un *carbonaro* ne connaissait que les membres de sa vente, et un député ne connaissait que les membres de la sienne et ceux de la vente centrale. Le lien qui reliait les ventes entre elles était donc facile à rompre ; par ce moyen, l'ensemble de l'association échappait plus aisément aux inquisitions policières.

Là ne s'arrêtaient point les mesures garantissant les secrets de l'association. La discrétion était en effet imposée aux affiliés par serment.

« Tout Carbonaro, porte l'article 55 des statuts, doit garder le secret de l'existence de la charbonnerie, de ses signes, de son règlement et de son but envers les païens. Le parjure, toutes les fois qu'il aura pour effet de révéler le secret de la charbonnerie, sera puni de mort », d'après l'article 6o.

Aucune communication n'était écrite ; les instructions, les ordres, se transmettaient verbalement par les délégués, les députés spéciaux de la vente suprême, qui, sous le titre de *commis-voyageurs*, de soi-disant courtiers, voyageaient aux frais de l'association. Il fallait à ceux-ci une marque de reconnaissance : elle consistait en une moitié de carte nettement découpée et s'adaptant exactement à l'autre moitié envoyée par la vente suprême aux chefs des hautes ventes et des ventes centrales auprès desquels le délégué spécial devait remplir sa mission. Les carbonari avaient leurs mots d'ordre, de passe et leurs signes de reconnaissance. Ceux-ci consistaient à relever et incliner l'avant-bras droit, le coude sur la hanche. Ils avaient aussi des attouchements mystérieux, soit en indiquant le cœur avec l'index comme signe interrogateur, soit en prenant la main de manière à former un C (pour les carbonari purement républicains) ou un double N (emblème des Napoléon père et fils, pour les impérialistes). Les mots *speranza* et *fede*, jetés comme par hasard dans la conversation, le mot *carita* articulé par syllabes séparées, que se partageaient les interlocuteurs, en les proférant alternativement, servaient également d'ouverture obligatoire à tout entretien entre les carbonari, qui se traitaient mutuellement de *bons cousins*, particulièrement en Franche-Comté.

Quoiqu'on l'ait nié, il y avait un rite d'initiation pour les grades élevés, mais, pour les simples charbonniers, l'admission se faisait avec une grande simplicité, dans une vente, ou dans le premier local venu, sur la présentation de deux membres, après engagement pris par le récipiendaire de garder le secret sur l'existence de la société, sur ses actes, de ne rien écrire, de tout entreprendre pour renverser la tyrannie et pour conserver la liberté, jusqu'au sacrifice de la vie et de la fortune. Chaque carbonaro devait être toujours prêt au combat ; pour cela il lui fallait posséder, à ses frais, un fusil de calibre muni d'une baïonnette et de vingt-cinq cartouches à balle de calibre. Il devait, enfin, s'instruire au maniement des armes et s'exercer aux mouvememnts d'une troupe militaire.

On a contesté la distribution de poignards aux carbonari ; c'est cependant un fait maintes fois prouvé et qui le sera ici-même par la suite. C'était un accessoire obligatoire, en France comme en Italie. Ce poignard individuel ne devait servir, prétendait-on, que pour frapper les traîtres et les parjures ; non seulement la fausseté de cette allégation ressort des rites, du serment, des recommandations, mais les poignards des carbonari italiens la démentaient par la seule inscription gravée sur la lame : « Pour la mort de l'empereur (d'Autriche), du roi (des Deux Siciles), et celle du roi de France. »

Les fondateurs de la Charbonnerie française sentirent immédiatement que de simples étudiants en droit, en médecine, des militaires en demi-solde, des employés modestes, manquaient d'autorité, de puissance orale pour imposer leurs idées et faire prospérer l'association ; à force de persévérantes démarches, ils purent recruter des adhérents assez habiles, assez puissants pour leur amener des hommes de haute valeur dans l'opposition, des libéraux influents qui s'empressèrent d'accepter, non seulement d'être membres de la société, mais même de faire partie du comité directeur.

Les notabilités appelées dans le sein de la Charbonnerie furent, déclare Trélat, Lafayette et son fils, Dupont de l'Eure, d'Argenson, Manuel, Beauséjour, Corcelli père, Jacques Kœchlin, Schonen, Mauguin, Fabvier, Barthe et Mérilhou, si l'on peut donner le nom de notabilités aux deux derniers, fort peu connus encore, et les camarades d'études de plusieurs fondateurs de l'association.

Lafayette, Dupont de l'Eure, d'Argenson, Corcelli, Kœchlin, Schonen et Mérilhou venaient aux réunions. « Je n'y ai jamais vu, ajoute Trélat, ni Manuel, ni Mauguin, ni Fabvien, ni Barthe. Mais ils assistèrent à plusieurs comités particuliers. »

Toutes ces notabilités n'avaient aucune influence, aucun privilège, il n'y avait que de simples membres, soumis à une seule direction, sous la présidence du fondateur Bazard qui n'avait pas même trente ans.

Quand tout fut bien réglé, on songea à la propagande. A Paris le succès fut considérable ; en peu de temps on comptait plus de vingt mille carbonari actifs. Pour la province, le comité directeur chargea trois hauts délégués de se partager la France. Il y eut les directions de l'Est, du Midi et de l'Ouest. Vers l'Ouest, furent envoyés divers députés ou voyageurs aptes à un bon recrutement. Un étudiant en médecine, le jeune Riobé, et l'ancien officier Flottard, celui-là même qui, avec le concours de son camarade Dugieb, avait rédigé les statuts de l'association, furent désignés pour venir dans l'Ouest.

Riobé vint à Saumur, où il trouva, chez ses concitoyens et amis, la société des chevaliers de la Liberté constituée et en plein fonctionnement. C'est grâce à lui que cette société devint la filiale de sa cadette et comme le noviciat du carbonaisme.

L'ex-officier Flottard se dirigea sur Nantes et vers les côtes ; son objectif était de corrompre les garnisons de Rochefort et de La Rochelle, ainsi que les troupes coloniales des îles, parmi lesquel-

les il savait trouver un terrain tout préparé, puis
de remonter par Niort et Nantes, et rentrer à Paris. Cette randonnée eut lieu dans les trois premiers mois de 1822.

—

CHAPITRE III

La « Vente » militaire du 45ᵉ

—

Dans le cours de l'année 1821, la police de Paris fut mise en éveil sur l'existence de réunions secrètes dont quelques-uns des membres importants tramaient, disait-on, de criminels desseins. Une de ces parlottes lui était particulièrement désignée ; elle se composait de jeunes carbonari, parmi lesquels on comptait Baradère, avocat stagiaire, qui paraissait être le chef ; avec lui deux étudiants en médecine, Laroque et Gauran, et deux employés à la Compagnie royale d'assurances, Marcelle et Rozé ; puis un nommé Hénon, ancien militaire, qui s'était installé instituteur au faubourg Saint-Marceau, homme besogneux, père de plusieurs enfants. D'après les indices, ces hommes devaient machiner quelque chose de grave, on le sentait à leurs allures ; leur exaltation les trahissait et le peu qui transpirait de leur réunion secrète achevait de convaincre. Mais, que complotaient ces hommes ? La police ne parvenait pas à le découvrir. On savait, toutefois, qu'ils étaient instruits de tous les troubles du dehors, souvent

3

même bien avant que la nouvelle en parvînt au public, qu'ils les suivaient avec grand intérêt, même avec anxiété, et qu'ils s'agitaient alors beaucoup, qu'ils étaient armés et paraissaient dans la posture de gens qui attendent de grands événements et se préparent à y collaborer. Le reste était mystère.

Les conspirateurs, a-t-on dit fort justement, doivent, pour obtenir la victoire, réveiller dans les masses l'esprit d'opposition, et détacher du gouvernement l'armée qui le soutient. Ce fut l'œuvre des sociétés secrètes. La petite vente des étudiants carbonari se mit à l'œuvre avec ardeur et ses membres s'attachèrent à faire des prosélytes dans les rangs du 45ᵉ régiment de ligne qui était caserné sur les pentes de la Montagne-Sainte-Geneviève.

Ce n'est pas aux simples soldats, êtres en général bornés et passifs, qu'ils s'attaquèrent, mais aux sergents, aux sous-officiers, plus capables de mordre aux théories subversives, non point en raison de l'éducation, souvent fort restreinte, qu'ils avaient reçue, mais bien plutôt en raison de leur vanité et de leur ambition. On leur promettait des grades et un bel avenir sous le règne de la Liberté. « La perspective des grades et des dignités, disait alors le député Bugeaud, est pour le soldat le picotin d'avoine. »

Bories se laissa conduire à la vente particulière des étudiants, puis à une vente centrale, décorée du nom de *Washington*, présidée par l'avocat Baradère. Là, il fut complètement initié aux secrets de la Charbonnerie dont il devint aussitôt, d'enthousiasme, un adepte fervent et résolu. Il s'empressa d'accéder au désir qu'on lui manifesta de le voir promptement fonder une vente militaire dans le 45° régiment de ligne et, dès ce moment, commença sa propagande auprès de ses camarades les sous-officiers et les sergents : « Esprit actif, intelligent, il avait une connaissance du caractère et des opinions de ses camarades telle qu'il ne pouvait faire de fausses démarches.» Bories fit, en effet, assez rapidement quelques recrues à l'aide desquelles il espérait en faire un plus grand nombre. C'est par le sergent qu'il comptait atteindre le soldat, non pour en faire un affilié, encore moins un initié, mais pour s'emparer de lui par la discipline, la confiance et même le dévouement à son chef immédiat, et s'en servir comme d'une force inconsciente et brutale.

Pour s'emparer de l'esprit du soldat et se l'attacher jusqu'au dévouement, il est bien des moyens qu'il est superflu de développer ici. Bories en choisit un qui ne manque jamais de réussir parce qu'il atteint le fond du caractère français, gouailleur, frondeur et cocardier. Ce serait, paraît-il, au soldat Lefèvre qu'il en confia l'exécution.

Le fusilier Lefèvre était le parfait type parisien, gai, aimant à rire et à faire rire, blagueur et taquin, un vrai « loustic », toujours en mouvement, léger, sautillant, la chanson aux lèvres.

Bories ne pouvait donc prendre Lefèvre au sérieux et lui confier des secrets graves, ni une mission de quelque importance. Il l'aurait chargé d'une sorte de propagande par le rire et la gaîté.

La tâche qu'il lui réserva, s'il faut en croire Lefèvre dont le témoignage est sujet à caution (1), était aisée à remplir. « Quelques facilités à saisir les ridicules et à les présenter dans des chansons appropriées à l'esprit du soldat m'avaient rendu, raconte-t-il, un homme important ; cela m'aida à conquérir à la cause de la Liberté tous ceux qu'irritaient le système absurde et abrutissant. A partir de ce moment il donna une autre direction à mes petites compositions. Jusqu'alors je ne m'étais appliqué qu'à fronder des ridicules, j'entrepris de faire comprendre aux soldats tout ce qu'ils avaient perdu avec le retour des Bourbons, et pour cela je n'eus qu'à les entretenir de la gloire de l'Empereur. Des exemplaires des chansons de Béranger, qui venait d'être condamné, furent achetés et circulèrent dans le régiment. On faisait également redire aux grognards, qui avaient longtemps servi sous l'*Autre*, des récits de batailles dans un style fort pittoresque qui, par sa naïveté et son expression, ne contribuaient pas moins à réveiller les vieux sentiments que les royalistes cherchaient sinon à détruire du moins à transformer, par des brochures destinées à persuader à

(1) Voir l'avant-propos.

l'armée qu'elle était toujours restée royaliste depuis 1792. »

Cependant, malgré ce que dit Lefèvre, Bories, très perspicace, ne s'était point abandonné à lui et ne l'initia pas aux secrets de la vente.

Tandis que Lefèvre préparait l'esprit des soldats, Bories recrutait, parmi les sous-officiers, sergents et caporaux, tous ceux qu'après mûre réflexion il jugeait pouvoir être de bons et sûrs carbonari. En deux mois, il affilia trois sous-officiers et dix-huit autres hommes que sa parole avat conquis et qui étaient persuadés qu'un officier du régiment marchait avec eux, bien qu'il ne se fût jamais montré, jamais ouvert et qu'il se fût au contraire toujours tenu dans une extrême réserve.

C'était le capitaine Massias que des notes impartiales, venues trop tardivement, montrent comme « un officier instruit, sachant plusieurs langues, capable et d'une bonne conduite » ; mais il était suspect au colonel du 45°, marquis de Toustain. Ces deux hommes, en effet, ne pouvaient sympathiser. Ils avaient combattu tous les deux dans des camps opposés sur les mêmes champs. L'un, émigré, s'était poussé jusqu'au grade de colonel ; l'autre, dans les rangs des soldats de France, n'avait atteint que celui de capitaine. Ce dernier connaissait son métier et avait prouvé sa valeur en maintes circonstances, ce qui lui valut la croix de la Légion d'honneur en 1813.

Le capitaine Junien-Jérôme Massias était originaire de Saint-Junien, dans le département de la Haute-Vienne. Son père était procureur fiscal de Saint-Brice et son oncle notaire royal et capitaine de la Bourgeoisie de Saint-Junien. C'était peu à côté de la noblesse du colonel marquis de Toustain de Funbroc, — dont une personne autorisée se permettait cependant de contester le titre et le nom.

Massias était entré à l'école militaire de Saint-Cyr en 1807, à peine âgé de dix-huit ans ; il en sortait l'année suivante sous-lieutenant et affecté au 6ᵉ régiment d'infanterie légère. Ayant été blessé d'un coup de feu à la cheville, il fut fait prisonnier en Espagne, au mois de septembre 1810. Interné sur un ponton anglais, il parvint, le 22 novembre suivant, avec un groupe de vingt-cinq de ses camarades, à s'évader au moyen d'une embarcation qu'ils avaient enlevée. Pendant ses campagnes dans la Péninsule, il reçut cinq blessures dont une très grave au sein gauche, mais comme il n'était pas un soldat d'hôpital, ni un officier de parade, il ne prit chaque fois que le temps nécessaire à un quasi rétablissement et son ardeur fut récompensée par un avancement rapide avec la croix de la Légion d'honneur, en 1813. Comme le capitaine Massias avait été blessé d'une balle qui lui avait traversé la cuisse gauche en novembre 1813 et une seconde fois en mars 1814, on profita de sa convalescence pour le mettre en non activité.

Cependant, en 1817, le ministère le rappelait

pour le placer à la tête d'une compagnie de la légion départementale de l'Yonne, d'où il fut tiré pour être envoyé au 45e régiment de ligne, le 23 octobre 1820.

Quoique le capitaine Massias fût d'une excessive réserve et d'une conduite des plus régulières, on le considérait comme suspect, en raison même de sa tenue. Il ne parlait pas beaucoup et c'était une raison pour le taxer de bonapartiste ou de républicain ; personne n'était fixé, mais on le soupçonnait d'avoir une secrète reconnaissance envers l'Empereur et cela suffisait pour le tenir à l'œil, tout au moins.

Il n'est pas douteux que le capitaine Massias fût affilié aux carbonari ; mais, là, comme en nombre de cas, la preuve ne peut être donnée que par déductions. Or, elles se tournaient contre le capitaine. L'avocat général de Marchangy, dans son plaidoyer, n'a pu trouver d'autres termes plus précis que ceux-ci, car il manquait de preuves certaines :

« Le capitaine Massias fut d'abord recherché de plusieurs carbonari élevés en dignité ; il fut initié à l'association, et il dut en connaître les chefs ; mais, cet officier, soit indolence ou circonspection, ne montrait pas dans ses nouvelles relations une ferveur et un dévouement qui puissent promettre à ses patrons un propagateur des maximes dont ils l'avaient infecté. Ils jetèrent donc les yeux sur un homme plus entreprenant, plus actif et plus digne d'être l'apôtre des carbonari dans le 45° régiment. Peut-être même, pour se faire excuser sa tiédeur, le capitaine Massias s'empressa-t-il de chercher un second capable de faire ce qu'on n'osait attendre de lui. Quoiqu'il en soit, le sergent-major Bories fut reçu carbonaro et chargé d'organiser une vente dans son régiment. Il montra, dans cette mission, autant d'ardeur que le capitaine Massias montrait de prudence. » (1)

Si les paroles de l'avocat général n'étaient pas l'exacte expression de la vérité qu'il ne connaissait pas, il faut le dire, elles s'en rapprochent d'une telle façon qu'elles rendent plausible son assertion. Cependant, on sait que c'est par une autre voie que Bories est entré dans la Charbonnerie, et que c'est conséquemment par l'effet du hasard que le sous-officier s'est rencontré avec son capitaine.

Bories avait réussi la création d'une vente militaire dans le sein du 45°, il ne lui restait plus qu'à la mettre en action et à l'affirmer par la consécration des grands chefs.

L'on sait, cependant, que la constitution de la vente militaire dans le sein du 45° régiment d'infanterie n'alla pas tout à fait au gré de son organisateur. Bories, trop ardent, se heurta plus d'une

(1) *Plaidoyer* de M. DE MARCHANGY, avocat général à la Cour de Paris, p. 50.

fois à des esprits moins enflammés, quoique épris comme lui de l'amour de la Liberté, et comme lui également mécontents du régime politique, mais surtout aigris par la façon dont on traitait les militaires qui avaient moissonné tant de gloire pour la France. Si les esprits ne réalisaient pas l'accord parfait, les cœurs battaient à l'unisson.

Parmi les hommes que sonda le sergent-major Bories, les uns, par atavisme plutôt que par expérience ou par raison, penchaient pour la république avec la constitution de 1791 ou celle de l'an III qu'il leur eût été certainement difficile d'expliquer ; ou même pour une forme nouvelle, selon les idées fort imprécises qui se faisaient jour alors ; d'autres, enfin, portaient toutes leurs sympathies et toutes leurs aspirations vers l'empire en songeant à l'Aiglon retenu dans l'aire du vautour. Il fallait donc agir avec tact et circonspection auprès d'hommes imbus de principes si divers, ou qui n'en avaient pas du tout d'arrêtés, ou qui même étaient absolument indifférents.

Dès les premières ouvertures, un certain nombre résistèrent aux insinuations de Bories et en particulier le sergent Goupillon qui jouera quelques mois plus tard, après avoir été affilié à La Rochelle seulement, un rôle néfaste pour ses camarades. On est surpris de ce que Bories se soit adressé à cet homme sans caractère dont la physionomie exprimait l'indécision et dont la conversation montrait la versalité.

Il est à présumer toutefois que Bories avait été

attiré vers ce jeune homme instruit, bien élevé, qui sortait du niveau ordinaire des sergents du même régiment. Une autre raison, probablement la plus exacte, avait fixé l'attention de Bories. Le sergent était un mécontent, un adversaire du gouvernement royal parce que, dès les premières heures de la Restauration, son père, professeur de rhétorique à Chartres, avait été révoqué pour cause d'opinions politiques. Ce fut une occasion de ruine pour la famille et le jeune Auguste-César, à peine âgé de dix-huit ans, dut abandonner son emploi de commis aux Contributions indirectes pour s'enrôler comme aspirant volontaire dans le 3ᵉ régiment d'artillerie de marine, puis passer comme soldat volontaire à la compagnie départementale d'Eure-et-Loir qui fut licenciée en 1818. C'est alors qu'il s'enrôla dans la légion en formation dans la ville de Chartres ; légion qui devint, comme on sait, le 45ᵉ régiment de ligne et dans lequel il fut fait sergent.

Le mécontentement de Goupillon paraissait à Bories offrir un terrain propice aux ouvertures qu'il voulait lui faire ; mais, à sa surprise, il se montra réfractaire à ses suggestions et s'effraya, surtout, du serment de discrétion à prêter sous peine de mort. Le même jour, le sergent Bouisset, à qui Bories fit les mêmes insinuations, refusa lui aussi avec plus d'énergie.

Mais Bories n'était pas homme à se décourager pour de telles déconvenues. Il persista et fut plus heureux avec le sergent Fourmy qui, son temps expiré, se retira avant que le régiment eût quitté Paris. Continuant sa propagande, il réussit auprès du sergent-major Labourée, de la 4° compagnie du 2° bataillon. C'est du reste dans ce bataillon qu'il recruta le plus d'adeptes, même les plus énergiques et les plus fidèles.

Tout d'abord Bories n'avait garde de révéler avec quelque précision le plan arrêté par les directeurs de l'association, directeurs inconnus, cachés dans un saint des saints mystérieux ; il se contentait de déclarer, à ceux qui lui prêtaient une oreille bénévole, qu'il s'agissait de conquérir et de défendre la Liberté ; puis, dans l'initiation, il nuançait les engagements et la forme du serment, suivant que l'initié avait plus ou moins de caractère, plus ou moins de disposition à s'abandonner aux suggestions de ce zélateur .

Dès que ces hommes se laissaient aller à un assentiment plus ou moins prononcé ou qu'ils avaient accédé plus ou moins franchement aux propositions, on les faisait jurer sur un sabre ou sur un poignard, sous peine de mort, d'être fidèles à la Liberté de la France, de garder le secret le plus absolu. La plupart ne réfléchissaient point, ils étaient sous l'effet d'une surexcitation, d'une suggestion intense, profonde ; ils juraient sans prévoir les conséquences de leur acte, ni de la mauvaise fortune possible ; ils ne voyaient que la réalisation des promesses qui leur étaient faites, l'avancement, la fortune qui miroitaient à leurs yeux. Ils étaient intrigués, captivés par des pratiques rituelles étranges, des signes et des mots mystérieux.

Entre tous ces initiés, c'est-à-dire trois sergents-majors, neuf sergents, quatre caporaux et deux simples soldats seulement, il en est trois qu'il faut particulièrement distinguer : le sergent-major Pommier et les sergents Goubin et Raoulx, tous de la 3ᵉ compagnie du 2ᵉ bataillon. Ces trois hommes jouissaient de la confiance la plus entière de Bories qui en fit ses lieutenants, ses *alter ego*, car il savait pouvoir compter sur eux en tout et pour tout, et que leur dévouement irait jusqu'à la mort.

Pommier Jean-Joseph était un ouvrier bourrelier, originaire de Pamiers, et, en tant qu'Arriégeois, épris de liberté, mais d'une liberté indéfinissable, à laquelle il croyait avoir droit. Brusque, emporté, il ne pouvait souffrir la contradiction ; la pensée du succès, en l'exaltant, le rendait souvent indiscret et l'empêchait de s'entourer de précautions indispensables. Cependant, il savait parfois se plier aux circonstances en croyant de ce fait être un homme habile. Bories estimait sa fermeté ; lui, voyait dans son camarade un aide pour parvenir et, croyant à l'argent reçu et aux promesses faites, il se dévouait à la cause.

Goubin était de Falaise, où il avait exercé la profession de papetier ; il s'était engagé en 1816 et était sergent depuis juillet 1819. C'était, d'après un de ses camarades, la douceur même, et peu d'hommes avaient voué à la Liberté un dévouement aussi absolu et aussi déterminé. Il se croyait lui aussi « très finaud » ; en qualité de Normand, pouvait-il être autrement ?   Il avait d'enthousiasme accepté les propositions de Bories qui favorisaient son esprit frondeur et flattaient son amour-propre par la promesse d'une belle position ; lui aussi était une forte tête.

Le troisième acolyte, Marius-Claude-Bonaventure Raoulx, était d'Aix-en-Provence, mais à l'époque de son engagement il habitait Paris, où il était commis chez un négociant du faubourg St-Honoré ; tête ardente, un léger brin de vanité n'est pas non plus étranger à son affiliation aux carbonari. Mais c'était un homme probe et plein d'honneur qui ne voyait aucun mal à faire partie d'une association qui avait pour but « le bonheur du pays sous le règne de la Liberté ». Raoulx exerçait auprès de Bories des quasi-fonctions de secrétaire de la prétendue association philanthropique imaginée pour masquer la vente du 45° régiment.

Bories crut devoir, pour accaparer davantage l'esprit de ses deux premiers lieutenants, mettre Goubin et Pommier en rapport avec ceux-là mêmes qui lui avaient transmis les ordres du comité directeur ; en conséquence il les mena, tous les deux le même jour, tout en haut de la Montagne Sainte-Geneviève, dans une voie étroite, à droite en face de la fontaine, à l'hôtel de la Paix, dans la chambre de Laroque, étudiant en médecine, où se trouvait également un autre étudiant carbonaro. Ces jeunes hommes avaient été délégués, probablement à la demande de Bories, par la vente centrale, pour affilier les sous-officiers du 45° et recevoir solennellement leurs serments sur un sabre nu de ne rien révéler sous peine de mort.

Pommier et Goubin, investis par une autorité supérieure, se mirent à recruter avec ardeur et reçurent, à leur tour, les serments de néophites.

Chez Laroque, qui était franc-maçon, Goubin demanda à se faire admettre à la même loge. Quel besoin ce carbonaro avait-il de s'affilier à une seconde société secrète ? Il voulait imiter Bories qui de franc-maçon se fit carbonaro. Peut-être pensait-il comme le marquis de Rivière, conspirateur royaliste, qui, arrêté et écroué au Temple sous le Consulat, s'empressa d'écrire au redoutable Fouché, ministre de la Police générale : « Je suis un franc-maçon ; ces bêtises-là servent toujours à quelque chose... »

Elles ne nuisirent pas au marquis, car Fouché en le gardant en prison lui évita le poteau d'exécution, mais elles ne furent d'aucune utilité à Goubin.

CHAPITRE IV

La « *Vente* » *militaire du* 45ᵉ *en activité*

On a dit : « Offrez un piédestal aux conspirateurs et vous les verrez sortir de dessous terre ». Ce piédestal, Bories l'avait rencontré, car il était le chef, le président de cette vente qu'il avait créée.

Trélat le peint comme un modeste, réfractaire à la vaine gloire et dépourvu d'ambition. La situation du sergent-major, son action ne s'accordent pas trop bien avec le portrait et donnent à penser que, sans exagération, il pouvait bien éprouver quelque satisfaction d'amour-propre bien naturel.

Les réunions des membres avaient lieu au moins une fois par semaine, chez un marchand de vin où l'on avait trouvé un coin très discret ; mais, il y avait aussi des conciliabules, des parlottes, dans les chambres des sous-officiers. C'est Bories qui procédait aux réceptions des adeptes, qui les initiait et recevait ordinairement leurs serments sur la lame d'un sabre, promettait l'avancement, distribuait l'argent qu'il recevait de plus haut, pour les frais, les besoins particuliers et pour faire boire les soldats qu'on ne pouvait affilier, mais dont le concours était indispensable à la réussite de l'entreprise.

Cette double qualité de fondateur et de président de la vente du 45e régiment faisait, ainsi, de lui le député de cette vente particulière à la vente centrale Washington dans le ressort de laquelle elle se trouvait. Là, un plus grand horizon s'étendait devant lui ; cette vente intermédiaire communiquait, par l'entremise d'un de ses membres, avec la haute vente dont elle recevait immédiatement les ordres.

« Cette espèce de soupirail ouvert en quelque sorte sur le repaire du gouvernement occulte, selon la définition de l'avocat général de Marchangy, dans son pathos romantique, laissait arriver jusqu'à la vente centrale, où Bories se trouvait appelé, les exhalaisons de ce nouvel enfer ; aussi, chaque fois que le président de la vente du 45e y était admis, il allait ensuite échauffer, du feu dont il était embrasé, les tièdes résolutions des membres de cette vente roturière, éloignée du foyer principal. »

Ce n'étaient point « de tièdes résolutions » que

l'on prenait au sein de la vente du 45° ; on était au contraire ardent et impatient, mais on était dans la plus complète incertitude relativement à la conduite de la conspiration. Il y eut un moment d'inquiétude. On parlait bien d'un vaste complot auquel elle consentait de prendre part et qui aurait pour but de changer le gouvernement, mais les militaires n'étaient fixés sur rien.

Le moment d'agir leur semblait proche car on annonçait aux initiés que la France entière était là pour les soutenir, que les « bourgeois » prenaient part à la conspiration. Mais, à l'exception de deux ou trois initiés, qui pouvaient assurer qu'en elle il y avait des « bourgeois », même dans toutes ces manœuvres, tous les autres l'ignoraient. Finalement, la vente militaire fit entrevoir la détermination qu'avant de s'engager plus avant dans le complot, elle voulait avoir la promesse et la garantie des « bourgeois » qu'elle ne serait pas abandonnée par eux.

Bories, inquiet de l'esprit de sa vente, en référa à la vente centrale dont le président était l'avocat stagiaire Baradère, un ardent Pyrénéen. C'est lui qui, en qualité de député de la vente centrale à la haute vente, transmettait les volontés aux députés des ventes particulières qui relevaient de la vente centrale Washington. Les carbonari que présidait Baradère l'interrogeaient avec empressement sur les projets des chefs et sur l'espèce de gouvernement qui devait succéder à celui qu'on allait détruire et le président avouait que le comité directeur n'était pas d'accord sur ce point ; il déplorait cette divergence d'opinions.

La vente Washington fit à la haute vente une adresse énergique pour l'inviter à se déclarer.

La haute vente n'en eut garde.

Elle rappela ses subordonnés à la discrétion et à l'obéissance, insinuant seulement que ce qu'elle voulait, c'était non prendre la liberté d'imposer un gouvernement au peuple, mais détruire les obstacles pour le mettre en état de choisir lui-même.

Grâce au mouvement que se donnaient Bories et ses acolytes Pommier, Goubin et Raoulx, les initiés étaient à peu près en nombre suffisant. Bories avait acquis dans ses relations avec la vente Washington toutes les qualités d'un conspirateur. Sous son influence active la vente militaire était prête à seconder tous les efforts du mouvement général. Baradère, président de la vente centrale, en rapport avec la haute vente et par conséquent dépositaire des projets du comité directeur, et Bories, admis par conséquent à les connaître, *regardèrent désormais les sous-officiers comme mûrs pour le complot.*

D'ailleurs, on était à la fin de l'année 1821 et le régiment avait été informé que son départ de Paris aurait lieu le 21 janvier 1822 pour La Rochelle.

La vente centrale jugea qu'il était temps d'armer les initiés et leur fit faire une distribution de poignards. Cette cérémonie avait été différée dans la crainte d'effrayer les affiliés ; mais Bories s'en chargea. Ayant reçu les poignards, les uns emmanchés, les autres sans manche, on convoqua quatre membres de la vente militaire ; Pommier, Goubin, Raoulx et le caporal de voltigeurs Jean Thomas, natif d'Angoulême.

Ces hommes, tout familiarisés qu'ils devaient être avec les doctrines des carbonari, frémirent quelque peu à la vue de ce terrifiant cadeau ; un certain nombre hésitèrent à le recevoir, mais Bories leur dit qu'ils n'étaient plus maîtres de le refuser après leur serment, et tous se crurent obligés d'y rester fidèles.

C'étaient de beaux et solides poignards d'acier bleu venus d'Allemagne et portant la marque de *Solingen* (1), une des villes qui avaient la spécialité de fournir aux sociétés secrètes les armes (tout au moins de parade) que celles-ci remettaient à leurs adeptes. Que les poignards des carbonari soient venus d'Allemagne, cela ne peut surprendre. La secte des *illuminés* de ce pays a armé la main de tous ces pauvres fous qu'elle a poussés au

(1) Pendant la dernière guerre, un espion allemand fut trouvé mort dans une rue du vieux Montmartre ; il avait encore dans le dos le poignard avec lequel il avait été frappé ; or, sur cette lame on lisait le mot *Solingen*. Il paraîtrait que la trop fameuse « Mlle Doctor », qui dirigeait le centre d'espionnage allemand d'Anvers, mécontente des services de cet agent qui faisait la fête sur la Butte, lui aurait dépêché un habile confrère pour arrêter les frais.

paroxisme de la passion politique jusqu'à en faire des assassins, tels que Stapps et von der Sala.

Les théories, les règlements des sociétés secrètes allemandes, ainsi que leurs plans pour la révolution générale, avaient pénétré en France bien avant le carbonarisme italien. Ils s'étaient infiltrés chez nous par Coppet où résidait Mme de Staël et sa cour, avec Benjamin Constant, un des patrons des libéraux et ardent antirévolutionnaire, l'une des têtes enfin du comité directeur des carbonari français.

Il paraît que la fourniture allemande n'était pas assez rapide et que les dernières livraisons ne consistaient qu'en lames non emmanchées ; c'est dans cet état qu'on en fit la distribution aux militaires ; mais des manches leur furent apportés quelques jours après, à la caserne, par des bourgeois.

Tous les membres de la vente militaire, malgré les injonctions de Bories, n'acceptèrent pas cette arme peu chevaleresque, car, lorsqu'il en eut reçu une nouvelle provision, Bories ayant offert lui-même un poignard au sergent Huc de la 3e compagnie du 1er bataillon, celui-ci le refusa catégoriquement. Goubin et Raoulx furent chargés d'en remettre aux membres qui n'en avaient pas encore. Ils en offrirent un au soldat Bicheron qui ne voulut pas l'accepter. Goubin en donna deux au sergent Perreton, un pour lui, l'autre pour le sergent Cochet, mais Cochet se fâcha et invita son camarade à rapporter l'arme à celui qui la lui avait donnée, ce qui fut fait, mais Perreton garda son poignard et ce ne fut que quelque temps plus tard que ce sous-officier, pris de remords et ne voulant pas conserver l'arme fatale, n'osant pas non plus la rendre à Goubin, la jeta, dit-il, dans les latrines de la caserne (1).

Les poignards, loin de fortifier les membres de la vente militaire, ne firent au contraire qu'une fort mauvaise impression sur leur esprit inquiet, d'une inquiétude croissante ; il importait donc de les rassurer encore une fois d'une façon plus immédiate et plus sensible. Bories avait fait un rapport à la vente centrale qui résolut d'y porter un remède efficace. En conséquence, il fut résolu que des députés de la vente centrale iraient porter aux soldats les encouragements et les assurances qu'ils demandaient.

L'avocat Baradère, député à la haute vente, tout d'abord désigné en raison de son éloquence, éluda cette mission et fit nommer à sa place le pauvre instituteur Hénon avec Gauran, étudiant en médecine, attaché à l'hôpital Baujon, et Rozé, employé d'assurance, comme assesseurs.

Hénon ne pouvait, lui, se dérober. Il accepta sans enthousiasme la mission. Dans le but de la remplir de son mieux il se mit à la recherche d'un local assez vaste pour contenir une vingtaine de personnes et dans un endroit des plus discrets. Précisément, il connaissait sur la Montagne Sainte-

(1) Elle n'y fut pas retrouvée.

Geneviève, dans une rue étroite et sombre, un très modeste cabaret ayant pour enseigne *Au Roi Clovis* ; il était tenu par un sieur Gaucherot et sa femme qui assuraient tout le service à eux deux.

Hénon lui demanda une chambre à sa convenance. Gaucherot lui offrit une salle assez vaste conforme à ses désirs, propre à y donner l'assaut d'armes ainsi qu'il l'affirmait ; mais Hénon n'en voulut point, il choisit deux petites pièces contiguës tout au fond de l'établissement, sous prétexte qu'en cet endroit le bruit des voix et le cliquetis des armes ne troubleraient pas les consommateurs dans la salle ordinaire. Gaucherot accepta et s'engagea à enlever la cloison mobile qui séparait les deux pièces.

Au jour indiqué, Gauran et Rosé vinrent prendre Hénon à son logement et tous trois se rendirent au cabaret du *Roi Clovis*.

Les sous-officiers de la vente du 45e, à l'exception de Bories, de Goubin, de Pommier et de Raoulx (l'état-major) qu'une circonstance fortuite empêcha, dirent-ils, de s'y trouver, se rendirent par petits groupes séparés.

Le marchand de vin et sa femme remarquèrent que ces militaires, venant pour un assaut d'armes, n'apportaient ni fleuret ni sabre, et tant que dura la réunion on n'entendit aucun cliquetis, aucun bruit caractéristique, car on ne prit même pas la peine de faire des feintes ; mais ces gens n'en tirèrent aucune conclusion. Peut-être étaient-

ils édifiés par Hénon sur le véritable objet de la
réunion, et Gaucherot était-il un *bon cousin*.

Tout le monde arrivé, on ferma soigneusement
la porte du local et, après avoir vidé quelques bouteilles de vin, l'on déjeuna. C'est alors qu'on
aborda le véritable objet de la réunion.

Les assesseurs Gauran et Rozé dirent quelques
mots et se félicitèrent de se trouver au milieu de
braves militaires et après des compliments ils
cherchèrent à monter l'esprit de leurs convives
et à les préparer au discours qu'il allaient entendre.

Hénon, président et orateur, avait composé un
discours d'après le canevas que lui avait donné
Baradère. Il débuta par l'éloge obligé des armées
françaises dont il vanta la gloire lorsqu'elles mar-
chèrent à la conquête de la liberté, puis il leur
promit des honneurs et des grades, en appuyant
ses paroles « du grand exemple des armées espa-
gnoles révoltées et de la part qu'elles avaient
prises au mouvement opéré dans leur pays. »

Rassurés sur le concours des bourgeois, désormais bien démontré, les sous-officiers du 45e rentrèrent dans leur quartiers, plus ardents que jamais à réaliser la révolution dont on leur avait
parlé, et pour laquelle on leur avait arraché un
serment.

L'entrevue du *Roi Clovis* avait si bien réussi
que Bories désirait multiplier de pareils rappro-
chements pour électriser sans cesse les membres
de la vente. Ce fut dans ce même dessein d'en-

flammer de plus en plus l'imagination de ses compagnons que, vers le milieu de janvier 1822, Bories conduisit Goubin au Palais-Royal, où celui-ci fut tout à coup entouré d'un certain nombre de *bons cousins*, c'est-à-dire d'initiés, qu'il n'avait jamais vus mais qui le traitaient en vieille connaissance. Ils le félicitèrent sur le bon esprit du régiment, sur son départ prochain pour La Rochelle, sur l'honneur qui lui était assigné de commencer le mouvement, l'assurèrent de l'appui qu'il devait trouver dans les adversaires du gouvernement, dans le bataillon colonial de l'île d'Oleron, et lui débitèrent d'autres semblables folies qui finirent par convaincre le sergent Goubin, lequel s'empressa à son tour de confirmer ses camarades dans leurs résolutions.

Ainsi tout était bien combiné pour parvenir au but que se proposait le comité directeur.

Bories était reconnu pour chef, on était sûr de lui ; il savait seul ce que voulait la vente suprême ; il avait des ordres particuliers, dont le plus essentiel était de se conformer aux ordres qu'il recevrait du capitaine Massias, qui se tenait à l'écart et semblait ne s'occuper en rien des affaires du carbonarisme.

Cependant on le soupçonnait, on l'épiait, on surveillait ses allées et venues et l'on avait constaté qu'il fréquentait des libéraux, des bonapartistes notoires tel que M. de La Valette et de très hauts personnages ennemis ou hostiles au gouvernement du roi.

Bories méritait une récompense, tout au moins une faveur exceptionnelle, et ceux qui l'avaient accaparé lui firent l'honneur de le présenter au général de Lafayette dont on avait fait une sorte de Mamamouchy, un personnage indispensable et *tabou* (1).

Depuis qu'il était revenu d'Amérique où il avait vu comment un général populaire devient chef du pouvoir exécutif, Lafayette rêvait de jouer en France le rôle de Washington. La Monarchie, la Convention, l'Empire, tout s'était écroulé, mais lui demeurait, et il conservait toujours ses espoirs sans cesse ajournés, jamais abandonnés, toujours prêt à faire partie d'un gouvernement provisoire. Mais il était venu trop tard dans un monde trop jeune, et les jeunes hommes qui l'entouraient le menaient plus qu'il ne les dirigeait, « il était leur chef, il fallait bien qu'il les suivît ». Il les suivit d'enthousiasme mais il fut souvent obligé de revenir en arrière comme à Belfort.

(1) Selon Trélat, Bories, au contraire, exempt d'ambition, se serait irrité de la proposition qu'on lui faisait de le conduire chez le général Lafayette, dans la pensée que cette offre cachait une sorte de doute sur son dévouement, et qu'on voulait stimuler son ardeur par l'autorité d'un grand nom. C'est là une marque de présomption ; l'excès de vertu devient un défaut.

CHAPITRE V

En Route

Orléans — Tours — Sainte-Maure

Conformément à l'ordre du ministre, le 45ᵉ régiment d'infanterie quittait Paris le 21 janvier 1822, à destination de La Rochelle.

A cette époque, les soldats changeant de garnison allaient à pied, d'étape en étape, sous le soleil, la pluie, la neige ; ils parcouraient dans le vent les longues routes de France, pleines de poussière ou de boue, passant du Nord au Sud, de l'Est à l'Ouest, avec cette facile mobilité, cette extrême endurance et cette merveilleuse résignation qui sont le propre de notre Grande Muette.

Si l'équipement du soldat d'aujourd'hui est relativement léger, celui du soldat de jadis était, par contre, pesant et encombrant ; lourd shako, lourde capote, barrée, en sautoir, de larges baudriers de buffleterie épaisse, auxquels étaient suspendus la vaste giberne et le glaive dit « coupe-

choux » ; mais le vrai poids lourd, c'était le fusil
à pierre et à baguette, se chargeant en trois temps,
avec lequel les soldats de Napoléon avaient battu
les ennemis de la France ; le poids lourd, c'était
aussi le sac, cette malle du soldat, qui s'encadrait
de la couverture et parfois de la toile de tente,
accostée de chaussures aux clous larges et brillants.

Ainsi pesamment chargé, le troupier de jadis
marchait allègrement, la chanson aux lèvres et
le « brûle-gueule » aux dents ; puis, le soir, à
l'étape, après la soupe hâtive, il se couchait, le
plus souvent dans la paille de la grange ou le
foin du grenier, et se réveillait le lendemain matin dispos, prêt à reprendre sa route avec le
même entrain et la même gaîté que la veille.

Ainsi partirent de Paris, le 22 janvier 1822,
les soldats du 45e de ligne se dirigeant en plein
hiver sous les intempéries de la saison vers la
ville de La Rochelle, située à 120 lieues de là.

Bories ne manqua pas de mettre à profit toutes
les occasions et les moindres loisirs que lui permettaient ses fonctions de sergent-major, pour
continuer sa propagande et faire des recrues, afin
d'entretenir les bonnes dispositions des uns et réchauffer l'ardeur peu vive des autres, soit avec
des paroles persuasives, soit avec la bonne bouteille qui réchauffe le corps et l'esprit, soit avec
l'argent qui éblouit et corrompt.

En marche, sur la route d'Étampes à Orléans,
il entreprit l'un des trois frères Choulet, enfants

de troupe qui étaient alors gradés dans le 45° régiment. Ce sergent, qui avait toujours résisté à ses propositions, lui opposa un refus définitif en lui déclarant qu'il était content de son sort et ne voulait faire que son métier militaire.

Tous les camarades faisant partie de la vente militaire du 45°, dès qu'il eurent quitté Paris, ne s'entretenaient plus que de ce qu'on attendait d'eux ; tous prévoyaient qu'il y aurait « une affaire » sur la route, avant d'arriver à La Rochelle, très probablement dans la direction de Saumur. Bories leur donnait à entendre qu'ils étaient « secrètement » accompagnés par de l'artillerie, et que, du reste, il recevrait des ordres du comité directeur.

En route, mais particulièrement aux étapes et aux heures de liberté et de repos, les sous-officiers faisaient des dépenses inusitées pour leurs hommes, surtout en boisson ; cet argent, d'une origine inconnue, et l'usage qui en était fait, ne laissaient pas que d'intriguer quelques officiers attentifs, et le colonel lui-même l'avait constaté sans y attacher, tout d'abord, une grande importance. Bories se montrait tout particulièrement généreux, et puisait avec ostentation dans sa bourse, qui semblait inépuisable ou, tout au moins, abondamment garnie.

Après Etampes, la première étape avec repos fut à Orléans, ville agréable et hospitalière dans laquelle le 7° régiment des Suisses de la Garde royale tenait garnison. Ces troupes étrangères, à la solde de la France, vestiges d'une ancienne coutume monarchique, étaient fort mal vues de l'armée française (1) et même de la population, ce qui occasionnait d'incessantes scènes de désordre, difficiles à réprimer dans des centres où ces éléments opposés se trouvaient réunis. Malgré la prudence des chefs de corps et la vigilance des officiers, il se produisait des rixes fréquentes et parfois sanglantes.

Le colonel du 45e, marquis de Toustain, crut prudent de faire un ordre du jour pour défendre toute espèce de rixe, sauf à faire rendre justice aux soldats qui auraient été provoqués.

En arrivant à Orléans, le 24 janvier, le premier soin du chef de la vente du 45e fut d'en réunir les membres à l'auberge de la *Fleur de lis* et de leur payer un bon souper (2) sous le prétexte de recevoir, selon les rites de la Charbonnerie, un bon cousin, le fusilier Bicheron, de la 4e du 2e ; mais, en réalité, pour faire des communications à tous les affiliés.

Bories avait commandé vingt couverts et les convives furent en réalité au nombre de dix-neuf, y compris l'amphytrion. C'étaient le sergent-major Pommier, de la 3e compagnie du 2e bataillon,

(1) Le soldat suisse touchait 18 sous par jour et avait rang de caporal.

(2) A cette époque, le *déjeuner* était le petit repas du matin, le *dîner*, celui de midi ou une heure, et le *souper*, celui du soir.

les sergents Goubin et Raoulx, de la même compagnie, le sergent-major Castille, de la 6e compagnie du 1er bataillon, ainsi que les sergents Assenès, Vivien, Hue, Dutron, les caporaux Gauthier, Demait et Thomas, tous du 1er bataillon ; le 2e était en plus représenté par le sergent-major Labourée, les sergents Barlet, Cochet et Perreton, les caporaux Lecoq, Gindrat et le simple fusilier Bicheron.

Le repas, payé cinquante francs, dut être copieux, car, à cette époque, pour un prix très modique, les soldats faisaient bonne chère.

Si Bories s'était efforcé de rendre la réunion des affiliés à la vente du 45e aussi complète, c'est qu'il pensait qu'à la veille d'agir il était bon que la vente militaire connût parfaitement le but vers lequel elle marchait et les moyens qui devaient être employés.

Après le repas, verre en main, Bories leur rappela à tous qu'ils étaient carbonari et qu'ils devaient se montrer dignes de ce nom ; que le moment était venu, qu'il fallait vaincre ou mourir pour la Liberté.

Alors, il leur apprit que, selon toute apparence, le régiment n'irait pas jusqu'à La Rochelle, qu'il s'arrêterait à l'étape après Tours, c'est-à-dire à Sainte-Maure, où il avait reçu l'ordre de commencer l'exécution à main armée, puis le régiment tout entier irait se joindre aux révoltés de Saumur, dont les portes seraient livrées par la garnison, qui était gagnée ; que des officiers d'artillerie suivaient le régiment avec des canons ; enfin il termina en affirmant que lui, Bories, attendait tous les jours des ordres précis et personnels pour leur donner ses dernières instructions.

Comme les convives sortaient de table, Bories dit à Pommier : « Souviens-toi que j'ai dépensé cinquante francs pour ce dîner ! » Ce qui équivalait à dire : « Nous ne manquerons pas d'argent, ceux qui nous dirigent ne nous abandonneront pas ».

Lorsqu'ils furent sortis de l'auberge de la *Fleur de lis*, les convives de Bories purent à l'aise faire leurs réflexions. Or, tous n'approuvèrent pas le discours du président de la vente et n'acceptèrent point son programme de révolte « à main armée ». Le sergent-major Labourée en tête et les sergents Cochet et Perreton se ressaisirent et exprimèrent hautement leur répulsion pour un semblable acte d'indiscipline et de révolution violente. Ils prirent aussitôt la résolution de se retirer de la vente et de rompre avec Bories, qui prétendait les avoir initiés aux secrets de la Charbonnerie, mais qui, en réalité, leur avait caché ces redoutables secrets jusque-là. Ils voulurent, sur le champ, informer Bories de leur résolution irrévocable : ils ne purent le rencontrer, par le fait d'une circonstance qu'on verra plus loin et ce ne fut qu'à Saint-Maixent que Labourée lui dit vertement, tant en son nom qu'en celui des trois autres sergents, qu'ils n'étaient plus des siens, qu'il les avait trompés. Bories, lui reprochant de se laisser mener par Cochet, répondit d'un ton impératif qu'il leur donnait vingt-quatre heures pour réfléchir. Labourée répliqua que toutes leurs réflexions étaient faites. Alors Bories s'écria :

« Vous êtes des lâches et indignes du nom de Français ; rentrez dans la classe d'où vous sortez ».

Un autre affilié, le caporal de grenadiers Gindrat, eut aussi conscience de la gravité de la faute vers laquelle on voulait l'entraîner ; il se mit dans une violente colère contre les meneurs. « Les coquins ! criait-il en cherchant Goubin, comme ils nous ont trompés, ils peuvent nous perdre d'un moment à l'autre s'il exécutent leurs desseins. Je veux me retirer de leur société ». Et il fit comme il le disait.

Enfin, quelques jours après, le sergent Hue se sépara des carbonari et on ne le voit plus figurer dans aucune des réunions suivantes.

Il est à remarquer que, parmi ces hommes qui, mus par un véritable sentiment d'honnêteté et poussés par la voix de leur conscience, s'éloignaient volontairement de ceux qu'ils considéraient comme des malfaiteurs, il n'en fut aucun qui soit allé dénoncer les faits à l'autorité. Ils avaient juré de ne rien révéler des secrets de la Charbonnerie, ils restèrent fidèles à leur serment, ne trahirent point leurs camarades. Ils gardèrent un silence absolu et se contentèrent d'abandonner la cause et ses meneurs. Le sergent Goupillon, fils d'un ancien professeur de rhétorique, dira d'eux, avec plus d'exactitude que de correction, ce qu'il disait du sergent Labourée : « Il s'est déserté ». Ils ont déserté leur cause, ils ne l'ont point trahie.

Ici se place un incident qui eut une conséquence capitale.

D'après divers témoignages, Bories étant entré dans un café, des sous-officiers du régiment suisse de la Garde royale se levèrent et vinrent à eux en les invitant à prendre un verre de bière. Bories refusa, les Suisses insistèrent ; les sous-officiers français persistèrent dans leur refus avec hauteur et l'affaire dégénéra en querelle.

Le lendemain, le colonel du 45°, marquis de Toustain, pour éviter que la chose se renouvelât, fit un ordre du jour prescrivant aux soldats de son régiment d'éviter avec le plus grand soin des rencontres et des querelles entre les hommes des deux corps. Cet ordre fut lu, le matin du 28, par les sergents-majors à leurs compagnies respectives.

Dans la soirée, Bories, encore ému par les agapes de la veille, plus grisé de paroles que de vin, descendait la rue Royale dans un état complet d'ébriété, — chose qui ne lui était pas habituelle.

Voyant arriver devant lui un sous-officier du régiment suisse, le sergent Kauffman, il lui dit :

« Tu n'es qu'un sergent, quoique tu portes les galons de sergent-major (1). Tu es une canaille comme les autres ! »

(1) Dans la Garde royale, comme dans la Garde impériale, les officiers et sous-officiers avaient tous un

Sur ces entrefaites, arrivent deux sergents du même régiment qui se mettent à accompagner Bories et Kauffman. Près du pont il y avait un poste suisse commandé par le sergent Vétin, chevalier de la Légion d'honneur et portant trois chevrons, qui, par conséquent, avait droit à tout respect. La querelle s'envenimant, le chef de poste s'avance vers Bories, qui le repousse par deux fois assez brutalement. Aussitôt appréhendé, il est conduit au corps de garde et avec lui on amène un autre sergent, un caporal et un fusilier du 45° régiment.

Tandis que, dehors, un autre soldat dudit régiment, pris de vin, lui aussi, criait à tue tête :

« Il faut avoir mon sergent-major !... »

La foule s'attroupa de plus en plus nombreuse et se joignit au soldat braillard pour crier contre les Suisses.

Le lieutenant-colonel de Maillardoz, du régiment suisse, arrive inopinément. Le sergent, intéressé à ce que la foule ne s'approche pas de son poste, fait croiser la baïonnette à ses hommes. L'adjudant-major Bourdillat, du 45° régiment, arrive à son tour et fait l'impossible pour calmer Bories absolument furieux.

Par prudence, le lieutenant-colonel de Maillardoz envoie un soldat porter l'ordre aux trois casernes de Suisses de battre la retraite, bien que

grade au-dessus de celui dont ils remplissaient les fonctions.

l'heure n'en soit pas arrivée, puis il fait sommation à la foule de se retirer ; mais celle-ci, loin d'obtempérer, se resserre et s'approche tellement qu'il ne reste plus aux soldats du poste assez de place pour croiser la baïonnette. Cependant, à la deuxième injonction, la foule recule et commence à se dissiper à la vue de cinquante hommes que le lieutenant de Maillardoz a envoyé chercher, mais non sans lancer quelques pierres.

Le colonel de Toustain, prévenu et accourant en hâte, rencontra en route la patrouille qui conduisait Bories ; il s'approcha de lui en disant :

« Cela ne m'étonne pas de votre part. »

Le colonel avait en effet, depuis Dieppe, reçu plusieurs rapports défavorables à Bories.

Après avoir été à l'état-major constater que tout était calme, il vint à la municipalité où l'on avait conduit Bories, et là, en présence du maire, de ses agents et même du préfet qui était accouru, fit subir au sergent-major un interrogatoire et entendit différents témoins. Bories, en se débattant comme un forcené, s'était blessé ; on le conduisit donc à l'hôpital pour le faire panser, avant d'aller aux arrêts.

Le 26 janvier, le 1er bataillon du 45° prenait à son tour sa route par Amboise et rejoignait le 2° bataillon à Tours. Bories, qui n'avait pas voulu rester à l'hôpital d'Orléans pour y soigner la blessure reçue dans la rixe avec les Suisses, suivait, encadré par le peloton de police.

Il souffrait de cette blessure et d'une assez forte

fièvre, car il était d'un tempérament fiévreux qui excitait l'exaltation de son esprit. Sa situation n'était vraiment pas faite pour l'apaiser ; il se voyait dans l'impossibilité de diriger les affidés de la vente, précisément à l'heure où son action devenait plus nécessaire. Car cette heure était proche, bientôt on serait à Sainte-Maure, la première étape après celle du repos à Tours.

C'était à Sainte-Maure que devait se déclancher l'action prévue par le comité supérieur de la vente suprême pour appuyer le mouvement révolutionnaire de la troupe du général Berton sur Saumur.

Les ordres devaient arriver par l'intermédiaire du capitaine Massias. Mais, depuis Paris, Massias était muet et pour ainsi dire invisible. Bories ne s'expliquait point cette attitude inquiétante de son supérieur dans la hiérarchie de la charbonnerie militaire ; il résolut donc de l'approcher.

Aussitôt arrivé à Tours, Bories reçut la visite des sergents du 2ᵉ bataillon, arrivé dans cette ville l'avant-veille et devant repartir le lendemain pour gagner Poitiers. Les sous-officiers du 1ʳᵉ bataillon, alors chargés de la garde de police, se trouvant être de bons cousins, facilitèrent l'entrevue avec le chef de la vente du 45ᵉ. Bories leur délégua momentanément ses pouvoirs. Goubin en fut chargé le premier et, en cas d'absence, Pommier devait le suppléer. Il fut décidé que le soir même, grâce à la complicité du sergent de garde, Goubin viendrait chercher Bories pour se mettre à la recherche du capitaine Massias.

A la nuit noire, une nuit de la fin de janvier, Bories et Goubin se rendirent au logement du capitaine qui se trouva absent. L'impatience et peut-être l'inquiétude s'emparèrent des deux complices. A une heure du matin, au milieu des ténèbres profondes, une lanterne à la main, ils revinrent à l'auberge de Massias ; celui-ci était toujours absent. Poursuivant sans arrêt leurs recherches, ils finirent, à quatre heures du matin, par le retrouver au corps de garde. Bories seul alla vers lui et lui parla en particulier ; Goubin, resté à une certaine distance, ne fut en rien mêlé à la mystérieuse conversation.

Après un très bref entretien avec le capitaine Massias, Bories vint retrouver Goubin. Il ne lui dit pas un mot des propos échangés, mais l'avertit seulement, puisqu'il partait le jour même avec le 2e bataillon tandis que lui Bories devait rester encore un jour à Tours, d'avoir, dès son arrivée à l'étape de Sainte-Maure, à se rendre auprès du capitaine Massias, pour prendre ses ordres.

Goubin n'eut garde d'y manquer, et, le soir même, il courut au logement du capitaine et lui demanda d'un air mystérieux s'il n'avait pas quelque chose à lui communiquer. Massias répondit négativement. Goubin en fut fort étonné. Alors Massias lui déclara « qu'il n'avait rien reçu, mais ajouta qu'il attendait tous les jours une estafette de Paris. »

L'estafette ne vint pas... ou, si elle vint, le mystérieux officier, pour certaines raisons, n'en tint aucun compte ; et le capitaine et le sergent n'eurent plus aucun rapport au cours de la route jusqu'à La Rochelle.

A Sainte-Maure, l'étape désignée comme devant être la dernière, ou mieux la première de l'Indépendance et de la Liberté, rien ne se produisit d'anormal ; le 2ᵉ bataillon la franchit sans obstacle, sans inquiétude. Seul Bories, le lendemain, avec le 1ᵉʳ bataillon, éprouva une violente déception. Aucun ordre ne parvint jusqu'à lui, aucun cri de révolte ne s'éleva de la poitrine des soldats, qu'aucune voix n'invita à passer du côté des rebelles de Saumur (1). Le régiment, dans le plus grand ordre et dans le calme, continuait sa route vers sa destination et sa prochaine étape : Poitiers.

(1) Le récit de Lefèvre, sur une prétendue mission que lui aurait confiée Bories à Sainte-Maure, est une odyssée fantaisiste, calquée sur le récit d'une entrevue réelle dont il sera parlé plus tard.

—

CHAPITRE VI

L'Ecole de Saumur
et le général Berton

—

La révolte du 45° entre Sainte-Maure et Châtelle-rault était prévue dans le plan général pour le soulèvement de l'Ouest ; mais le jour de son passage par Sainte-Maure rien n'était encore fixé. En effet, le 9 février seulement eut lieu à Saumur la première réunion des conspirateurs et ce ne fut que le 17 que tout fut définitivement réglé.

Le 45° régiment était déjà parvenu à sa destination, depuis cinq jours, que l'on attendait encore à Saumur l'approbation du comité directeur de Paris ; approbation dont voulait, d'ailleurs, se passer le général Berton qui avait pris la tête du mouvement.

Ainsi s'explique l'absence d'ordres de la vente suprême au capitaine Massias et au sergent-major Bories. Ces ordres, on les attendit vainement à Poitiers, Niort et même à La Rochelle où ne parvint que la nouvelle de l'échec du mouvement insurrectionnel de Saumur et des vaines tentatives subséquentes du général Berton.

La Rochelle était un des points de l'Ouest choisis par les meneurs de la révolution tentée contre le gouvernement royal par les libéraux, c'est-à-dire par tous les mécontents et par tous ceux que l'ambition, peut-être plus que l'amour de la Liberté, aiguillonnait.

Le mouvement était donné par ces chevaliers de la Liberté, dont il a été précédemment question et dont le siège principal était à Saumur.

« Jusqu'en 1821, dit E. Guillon qui a bien étudié ce point d'histoire, les promotions d'élèves (de l'Ecole de cavalerie) avaient été *filtrées*, en quelque sorte, par le système de Clarke, ministre de la guerre ; elles avaient fait de l'Ecole un foyer de royalisme militant, hostile aux idées libérales de la population civile. Cet antagonisme éclatait en désordres fréquents, dont le plus bruyant fut celui qui marqua, à Saumur, un voyage de Benjamin Constant, député de la Sarthe. Les élèves de l'Ecole empêchèrent Constant d'assister à un banquet préparé par ses électeurs, et le forcèrent de quitter la ville, le 6 octobre 1820, sous la protection de la gendarmerie. » (1).

La colère excitée à Saumur par ces faits détermina, quelques jours après, la formation de la société des chevaliers de la Liberté, qui s'étendit avec une singulière rapidité dans la vallée de la Loire, de Saumur à Nantes. Elle avait pour adhé-

______

(1) E. Guillon, *Les complots militaires sous la Restauration.* — Paris 1895; ch. V et VI.

rents, non seulement les officiers en demi-solde et
les anciens fonctionnaires mis à pied par la Restauration, mais encore beaucoup de petits propriétaires inquiets des menaces contre les acquéreurs
de biens nationaux ; bien plus elle trouva dans
l'Ecole même un concours inattendu.

« Le 1er janvier 1821, la promotion appelée à
Saumur était composée d'officiers et de sous-officiers rentrés au service ou gradés pendant le ministère de Gouvion-Saint-Cyr et par conséquent
animés d'un tout autre esprit que celle qu'elle
remplaçait. Des relations furent nouées avec la
ville, des confidences échangées.

» Les lieutenants Delon et Guérin, en particulier, et des sous-officiers firent pénétrer l'association dans ce milieu jadis si fermé ».

Le comité directeur avait préparé un plan dont
l'exécution devait avoir lieu dans la nuit du 29 au
30 décembre 1821. L'insurrection éclatant en
même temps en Alsace, dans le Midi et dans
l'Ouest, aux yeux des organisateurs c'en était
fait de la monarchie des Bourbons.

A Saumur, le terrain était bien préparé, dit
Guillon. Le lieutenant Delon, qui était franc-maçon et qui se fit élire vénérable de la loge de la
ville, avait redoublé sa propagande dans l'Ecole.
Au dehors, il était secondé par Gauchais et Frion
qui tenaient tout prêts, chez un chapelier du nom
de Marquis, des uniformes et des cocardes. Le
général Gentil-Saint-Alphonse, commandant de
l'Ecole, averti par deux sous-officiers, eut vent

de quelques menées. Il se borna à faire arrêter Delon qui s'échappa.

Nul autre n'était compromis et les conjurés
maintenaient leurs positions, lorsqu'un violent
incendie éclata à Saumur, dans la nuit du 18
au 19 décembre, et dura plusieurs jours. Tous les
habitants s'empressèrent de le combattre et avec
eux les élèves de l'Ecole. Malheureusement, un
mur s'écroula, écrasant plusieurs officiers et en
blessant quelques autres, la plupart chevaliers de
la Liberté. On emporta les morts, et on trouva
dans leurs poches des notes mystérieuses et des
listes qui confirmaient les documents des jours
précédents. Le 24 décembre, peu d'heures après
cette découverte inattendue, une trentaine de
sous-officiers étaient arrêtés.

Le complot ne fut qu'ajourné.

Et c'est la reprise de son activité qui était es-
comptée lors du passage du 45° sur la route de
Tours à Poitiers.

Berton devait prendre la tête du mouvement de
l'Ouest. Le général baron Jean-Baptiste Berton,
originaire des environs de Sedan, était un de ces
hommes qu'avait exaspérés la conduite du gouvernement des ultraroyalistes contre l'armée. Cet
homme, qui était entré à l'école de Brienne à
l'heure où Bonaparte en sortait, avait combattu
bravement et conquis tous ses grades sur les
champs de bataille de la Révolution et de l'Empire. Mis à la demi-solde, en 1814, il reprit du
service en 1815, au retour de Napoléon et combat-

tit à Waterloo à la tête des 14ᵉ et 17ᵉ régiments de dragons ; puis il passa à l'armée de la Loire avec sa demi-solde. Après le licenciement des braves qui la composaient, il vint se fixer à Paris. Mais ce ne fut pas pour y jouir longtemps de sa liberté. Il fréquentait les cafés suspects, les réunions de gens mal notés et puis il parlait trop et surtout trop franchement. Arrêté par ordre du directeur de la police générale, Mounier, détenu à la prison de l'Abbaye, il n'en sortit qu'après cinq mois de détention arbitraire, sans avoir été mis en jugement. Ayant publié des brochures pour sa défense, dans lesquelles il s'attaquait au pair de France policier Mounier, ci-devant révolutionnaire, au ministre de la Guerre, Latour-Maubourg, celui-ci le fit rayer des cadres.

A propos d'une pétition du général Berton à la Chambre, le général Foy prit sa défense en disant:

« Savez-vous comment on l'a traité ? Ni en 1814, ni en 1815, il n'y avait rien de particulier à son égard. On ne trouvera pas un seul mot contre lui au ministère de la Guerre. Cependant à la fin de 1815 on l'arrête et on l'emprisonne. Mis en liberté après une détention d'un an, on l'arrête encore, puis on le relâche. On l'emprisonne périodiquement tous les six mois. Enfin on lui ôte sa solde. Comment voulez-vous, en semant ainsi l'arbitraire, ne pas recueillir la révolte ?... »

A la fin de 1821, Berton, informé du mouvement qui se préparait dans l'Ouest, s'offrit à le conduire. Le comité, qui destinait ce soin à un

autre officier général, faisait attendre sa réponse.
Le général Pajol, gendre d'Oudinot, en effet, ne se
pressait pas, il hésitait... Le général Berton s'offrit et s'imposa.

« Ce fut, dit Guillon, un malheur pour lui et
pour sa cause. Ardent et courageux, Berton manquait de la prudence et du sang-froid nécessaires
à un chef de parti. Bien qu'ayant passé la cin-
quantaine, père de deux fils, dont l'un était déjà
officier de cavalerie, Berton se lança dans l'entreprise avec la ténacité d'un jeune homme. »

Dans les premiers jours de 1822, sa présence
est signalée en Bretagne ; il avait pris les devants.
N'attendant pas la décision du comité directeur,
il était parti sous le prétexte d'aller voir son fils
aîné, lieutenant de dragons à Pontivy. De là il se
rendit à Saint-Malo, où était le 5e de ligne. Là, il
s'efforça de corrompre la loyauté « d'un illustre
personnage et lui parla d'un gouvernement provisoire ». L'acte d'accusation contre les sergents
de La Rochelle, qui mentionne ce fait, ne fait aucune allusion qui puisse permettre d'identifier
cet illustre personnage (1).

Bientôt, le général Berton se dirige sur Brest, où
il renouvelle ses tentatives de séduction auprès
des militaires. Il se rencontre dans cette ville avec
le colonel Alix, autre mécontent, jeune, brave,
entreprenant et comme lui suspect et sous l'œil
de la police.

(1) Chateaubriand probablement.

De là, il passe à Rennes et c'est la même chose, puis se rend à Nantes. Dans cette ville, on cherche à débaucher les soldats, on les introduit dans une réunion de carbonari présidée par un personnage venu de Paris, assis à une table avec deux pistolets placés devant lui. Ce personnage mystérieux, agent supérieur du comité de la haute vente, n'était autre que l'ex-capitaine Flottard, l'un des fondateurs de la Charbonnerie française. Depuis quelque temps, en effet, il était attendu et l'on ne cachait pas parmi les adeptes qu'il viendrait de Paris et que l'on commencerait le mouvement aussitôt son arrivée. Flottard déclara, entre autres confidences, qu'il y avait à Paris un gouvernement provisoire secret prêt à entrer en fonctions et que le comité central avait une police mieux organisée que celle du roi, pour protéger l'association.

Il y avait à Nantes un frère du chirurgien Grandmeuil, du comité de Saumur, l'un des organisateurs des chevaliers de la Liberté. Sur le conseil de ses amis, il partit chercher Berton à Rennes pour le conduire à Saumur prendre la tête des conjurés de l'Ouest. Cet homme et le général arrivèrent en cette ville en même temps que les délégués de la région chargés de convenir des dernières mesures.

CHAPITRE VII

Poitiers — Niort

Pendant que ces choses se passaient dans ces diverses régions, le 45ᵉ régiment de ligne continuait sa route.

Bories, encadré dans le peloton de police, marchait courageusement, mais on sentait qu'en dehors de la blessure qui le faisait souffrir, la fièvre qui brûlait en lui avait une autre cause.

L'inquiétude, l'impatience et la colère l'envahissaient : colère surtout contre lui-même, car il comprenait combien son manque de sang-froid, à Orléans, lui coûtait cher en le réduisant à l'impuissance à l'heure de l'action ; colère aussi contre ses chefs, contre tout le monde qu'il accusait.

Les chefs cependant avaient pitié de lui et, à chaque étape, le colonel, avec bienveillance, lui permettait d'user de son billet de logement pour aller coucher dans un lit le plus souvent bon, et de s'offrir les satisfactions qui lui plaisaient. Bories, qui refusait toujours d'aller à l'hôpital où le chirurgien voulait l'envoyer, était indifférent à cette bienveillance. Son esprit était uniquement préoccupé de la conspiration, de ses progrès et des résultats qu'il ignorait ; car, malgré l'activité des carbonari et des chevaliers de la Liberté, malgré la complaisance de ceux qui étaient chargés de le surveiller, Bories était sans nouvelles. Lamartine sé trompe lorsqu'il écrit que Bories fut informé par le lieutenant Delon de l'ajournement du complot de Saumur ; il a pris son renseignement dans les *Souvenirs* du soldat Lefèvre qui sont remplis d'erreurs trop souvent volontaires. Ni à Chatellerault, ni à Poitiers, ni à Saint-Maixent, Bories ne pouvait être instruit d'un fait qui n'avait pas encore eu lieu. Lefèvre, en racontant sa prétendue entrevue avec l'aide de camp du général Berton, a menti ; il n'a pas réfléchi que le 6 février, date du conseil tenu à Saumur, le 45° de ligne avait déjà franchi l'étape de Sainte-Maure.

A Poitiers, Bories eut encore la faculté d'user librement de son billet de logement ; mais la surveillance dont il était l'objet ne se ralentit point pour cela. Bientôt le général. de Malartic, commandant la subdivision, fut informé par un ancien officier, chez qui Bories avait été logé, et qu'il supposait, paraît-il, dévoué à la cause de la Liberté, qu'il avait tenu des propos très séditieux et exhibé même une bourse pleine d'or destiné à propager et à favoriser la rébellion et l'émeute. Le général de Malartic fit sur le champ un rapport au général Despinois, commandant la division de Nantes (1).

De Poitiers à Niort, la route ne fut en rien troublée, même à Saint-Maixent, foyer important de chevaliers de la Liberté. Lorsque le 2e bataillon du 45e, qui précédait le 1er à un jour d'intervalle, arriva à Niort, sa venue était attendue par les très nombreux adeptes qui y résidaient.

Depuis des mois, les chevaliers s'étaient organisés et avaient vu chaque jour leur nombre s'accroître. Les choses avaient beau se passer le plus secrètement possible, l'autorité en eut assez promptement connaissance et le préfet, comme le général, se tenaient au courant individuellement par leurs agents secrets.

Le préfet était renseigné par un agent à sa solde : un marchand ambulant nommé Jean Vidal, dit Geoffroy, fixé momentanément à Niort (2), mais dont le domicile réel était à Paris, rue des Vieilles-Étuves-Saint-Martin. Cet homme avait avec lui, comme aide, un autre juif, originaire

(1) A propos de surveillance et d'espionnage autour de Bories, le soldat Lefèvre, dans ses *Souvenirs*, n'a pas craint de jeter une odieuse suspicion sur la loyauté du sergent Raoulx. Après que ce malheureux eut payé de sa tête sa solidari é avec Bories et ses compagnons, Lefèvre, dont la rancune persistait encore au bout de vingt-quatre ans, aurait dû avoir la pudeur de ne pas salir cette victime.

(2) Il avait été présenté à Salèle comme marchand de vins en gros.

de Nancy, appelé Abraham Benjamin. Geoffroy s'était fait admettre parmi les chevaliers de la Liberté.

Pour l'élément militaire, le général de Choiseul, commandant de la subdivision, avait un agent des plus habiles qui lui avait été fourni par le colonel des cuirassiers d'Orléans, qui tenaient garnison à Niort. C'était un jeune maréchal des logis nommé Salèle, fils d'un chef de bureau à la Chancellerie de France. Ce jeune homme avait de l'esprit, de l'instruction, s'exprimait avec beaucoup de facilité, paraissait avoir de l'ambition et c'est probablement poussé par elle qu'il était entré de bonne foi dans l'association des carbonari. Mais, ayant appris que l'autorité connaissait l'existence de cette société et était instruite de toutes ses menées, il était venu se confesser à son colonel.

Cet homme avouait avoir été reçu carbonaro par le sieur Flottard, commissaire de l'association, prenant la qualité de commis-voyageur pour dissimuler le véritable but de ses déplacements.

Le préfet des Deux-Sèvres écrivait au lieutenant général Despinois à Nantes :

« Il existe, du moins dans le département des Deux-Sèvres, deux sortes de conspirateurs, ou plutôt deux degrés parmi eux : Les *Chevaliers de la Liberté* et les *Carbonari*. Les premiers ne sont en quelque sorte que les affiliés ; les seconds, qui sont liés par des serments plus redoutables, ont donné des preuves plus certaines de leur libéralisme et de leur activité à servir le parti. En un mot, ils sont plus spécialement destinés à agir et disposés à tout sacrifier pour le succès de l'entreprise.

» Le Comité directeur est à Paris, il donne des instructions, fournit de l'argent et envoie des émissaires. Il n'y a point d'intermédiaire entre Paris et Saumur, parce qu'on n'est pas assez sûr de l'Orléanais et de la Touraine.

» Le directeur du Comité de Saumur est un sieur Tissot, négociant. Les frères communiquent de Saumur à Nantes et font suivre leurs instructions par Thouars, Parthenay, St-Maixent, Niort, Rochefort, La Rochelle, jusqu'à l'île d'Oleron, où ils ont des intelligences avec le dépôt colonial, dont un des officiers supérieurs a été reçu *chevalier de la Liberté* à son passage à Niort, il y a environ un mois.

» Le s^r Despierris, directeur de la correspondance à Niort, un des agents les plus actifs du parti, est allé dernièrement à Rochefort pour séduire quelques officiers de l'état-major de la marine et du bataillon colonial de l'île d'Oleron. Il en a vu quelques-uns par l'intermédiaire de deux habitants, nommés Minoret et Mesnard (1). »

Despierris, imprimeur à Niort, vice-président de la haute vente de Niort, instituée par Flottard,

---

(1) Ce Mesnard est l'avocat qui s'offrit pour défendre le général Berton, et que la Cour refusa, malgré l'acceptation de l'accusé.

était suspect au premier chef. Le président était un certain Marc Potier, propriétaire, natif d'Echirey, exerçant la profession de limonadier. C'est dans son établissement que se réunissaient « *les frères* ». Mais, un des plus actifs avec Despierris, c'était François Lemaire, dit Bellegarde, ex-capitaine, tenant alors un café très achalandé, fréquenté par les officiers de la garnison, jusqu'au jour où cet établissement fut consigné à la troupe. Bellegarde et sa clientèle étaient devenus trop suspects : « Cet homme, disait de lui le préfet, ne semble réservé que pour les coups de main, c'est un homme intrépide et fanatique de démagogie, mais il n'est moralement capable de rien. » Bellegarde procédait souvent lui-même à la réception des nouveaux chevaliers qu'il recrutait parmi les habitués de son café ; ainsi le même jour il reçut Geoffroy, le marchand ambulant qui allait lui jouer un mauvais tour, le médecin Bonneau de Périgné, près de Melle, et Brochain, amidonnier à Niort. On voyait parfois chez Bellegarde un de ses amis, nommé Joseph Poinot, natif de Parthenay, homme jeune, ayant fait de mauvaises affaires, demeurant à La Rochelle, lui-même très suspect. On comptait aussi parmi les frères influents Alexandre Garaud, chamoiseur, et le maître de l'auberge de la place Saint-Pierre.

Le terrain était admirablement propice pour la réception des bons cousins du 45e à leur passage à Niort. Le 2e bataillon arriva le 8 février et en repartit le 10. La journée de repos du 9 fut on ne peut mieux employée. Chevaliers de la Liberté, francs-maçons et carbonari firent aux membres de la vente militaire du 45ᵉ le plus fraternel accueil. On lit dans les aveux de Pommier :

« En arrivant dans cette ville, écrit-il, nous avons fait la soupe dans le logement de Goubin et Raoulx, sergents à la même compagnie.

» Le soir après la soupe, le bourgeois de la maison est entré. Nous avons offert un verre à boire, il s'est assis, et, en parlant, il nous a dit que dans quelque temps nous serions commandés pour faire feu sur les bourgeois. Nous avons répondu que jamais nous ne tirerions sur nos compatriotes.

» Quelque temps après, il nous a demandé si nous fréquentions des sociétés à Paris. Raoulx, sergent, a répondu que oui. Il a fait des signaux, le sergent les a reçus. C'étaient ceux des carbonari.

» J'ai oublié de dire que Goubin et Barlet, sergents, étaient sortis pour faire des armes avec un bourgeois dont la salle était située à côté de son logement ; ils sont rentrés quelques temps après que nous avions eu cette conversation. Nous l'avons invité à prendre le café. Il nous dit qu'il allait nous conduire dans un (café), où le bourgeois était abonné. C'était un gros bourgeois. On a chanté une chanson contre le roi. Après avoir chanté il a parlé longtemps à Raoulx et Goubin, sergents, tandis que j'étais toujours à table avec le bourgeois où était logé Goubin, et nous sommes sortis de cette maison à onze heures et demie. Goubin et Raoulx m'ont dit en sortant que les affaires allaient bien, et que le cafetier avait dit qu'il se couperait la tête si cela passait encore dix jours, que cela devait éclater dans toutes les provinces à la fois, qu'il y avait plusieurs millions à Niort et à La Rochelle pour faire commencer, que nous marcherions ensuite sur Paris, et qu'à notre approche la capitale devait se révolter ; mais qu'elle devait rester neutre dans tout ce que les départements feraient. On nous dit en outre qu'on n'attendait plus que nous, pour commencer à La Rochelle. »

Ainsi logés chez des affiliés, on les hébergea chez Bouchard, chez Potier, au café Bellegarde, centre habituellement fréquenté par les libéraux de la ville, et les propos qui s'y tenaient librement ne cachaient point les tendances de leurs auteurs.

L'enthousiasme qui régnait de part et d'autre troubla un peu les têtes et plusieurs militaires du 45e se laissèrent enrôler par les chevaliers de la Liberté. Le sergent Goubin fut un des premiers ; cela passait chez lui à l'état de manie, puisqu'il était déjà affilié à la Charbonnerie et à la franc-maçonnerie. Le jeune sergent Bonnardel se fit aussi affilier comme on le verra plus loin.

Le 10 février, le 2e bataillon quittait Niort pour La Rochelle. Le même jour, le 1er le remplaçait amenant Bories dans le peloton de police.

Peu à peu, la fièvre, qui le minait depuis Orléans, avait sensiblement diminué. A Niort, logé chez le jeune chamoiseur Alexandre Garaud, il avait pu à son aise recevoir ses camarades et de nombreuses visites de frères et bons cousins.

Il avait, enfin, des nouvelles, quoique fort précaires, de ce qui se passait du côté de Saumur et se résignait à attendre le retour du délégué que le comité de cette ville avait expédié à Paris.

Après avoir fait séjour à Niort, les deux bataillons réunis prirent la route de La Rochelle où ils arrivèrent le 12 février.

CHAPITRE VIII

—

A la Tour de la Lanterne

—

« La Rochelle conservait encore, a-t-on dit, des traditions républicaines. Les hautes tours qui dominent son port, les vestiges de ses remparts attestent la lutte qu'elle soutint jadis pour la défense de ses libertés communales contre la volonté centralisatrice du grand Cardinal. La conspiration « du Pot de Beurre » ourdie entre Moreau et Bernadotte contre le Premier Consul, avait laissé dans la population un grand souvenir (?).

» La ville offrait, au surplus, pour une conspiration, un admirable décor ; la Tour de la Lanterne... nous apparaît avec sa couronne de créneaux, ses fenêtres ogivales et sa flèche de style flamboyant comme une prison tout indiquée pour une conspiration romantique. » (1)

Ce tableau, en effet, au soleil couchant, ou au clair de lune, est, semble-t-il, fait exprès pour le décor de quelque mélodrame dans le genre de *La Tour de Nesle*, et c'est devant lui que va se dérou-

(1) Dethomas, op. cit.

ler le troisième acte d'un drame dont les deux derniers, plus poignants, se joueront, comme le premier, à Paris.

Aussitôt que le 1er bataillon eût pris possession de son casernement, à la porte Dauphine, le sergent-major Bories fut immédiatement mis en état d'arrestation et conduit à la Tour de la Lanterne qui servait de prison militaire.

La cause unique de cette arrestation était la conduite que le sergent-major avait tenue en cours de route : le manquement grave à la discipline lors du séjour à Orléans et les propos séditieux proférés dans un moment d'exaltation fébrile à Poitiers, dont le colonel n'avait pas tardé à être informé. Le marquis de Toustain était en outre fort indisposé contre Bories, qui avait toujours méconnu la bienveillance qu'il lui avait témoignée en lui permettant d'user de son billet de logement, parce qu'il le savait malade. Mais on était loin de soupçonner la conspiration qui couvait dans une portion très restreinte des hommes du régiment.

La prison militaire était alors singulièrement gardée ; il s'y passa des choses qui, n'ayant aucun rapport avec les règlements, tenaient plutôt de la comédie.

Le concierge ou portier-consigne de la Tour de la Lanterne était mort et sa veuve continuait son office avec l'aide d'un gendarme, en qualité d'intérimaire. La bonne femme n'était pas bien sévère ; peut-être son défunt lui avait-il donné l'exemple. Elle avait pour principe de se préoccuper le moins possible de ses hôtes forcés. Quant à son aide, le gendarme Bolzingre, dit Balzingue, c'était, comme l'on disait déjà, « un bon bougre ».

Balzingue, qui savait ouvrir l'œil, savait aussi le fermer. Quand Bories lui fut amené, il sut reconnaître, du premier coup, que le prisonnier était franc-maçon : l'attitude, cetains gestes, quelques mots lui en donnaient la certitude. Or, Balzingue était également franc-maçon. C'était un frère, il devait lui être secourable et utile en toutes circonstances; il le fut selon son serment d'initiation.

Balzingue n'était pas non plus sans s'être aperçu que « le frère » avait une bourse bien garnie, ce qui dut accroître son dévouement de philanthrope, si bien que, quand Bories lui fit faire quelques suggestions, il s'empressa de s'y prêter avec complaisance. Cet homme n'était pas, au reste, dans la confidence des griefs qu'avaient ses chefs contre le sergent-major. Il ne supposait rien autre chose qu'une peine disciplinaire pour manquement militaire sans grande importance.

Si Bories entretenait le gendarme dans de telles idées, il avait d'autre part des inquiétudes très grandes. Il ne s'expliquait qu'à demi la sévérité de la mesure prise à son égard par le colonel et se demandait si celui-ci n'avait pas eu vent des projets de la vente, si, du moins, il en connaissait l'existence au sein du 45e, bien que ses lieutenants Pommier et Goubin lui assurassent le contraire. Enfin, une chose lui importait par-dessus tout : avoir des papiers et divers objets compromettants au premier chef, qui se trouvaient dans sa malle déposée chez le cabaretier Maringuy, sur la place située devant la porte Dauphine et les casernes.

La complaisance de ses gardiens à son égard l'enhardit et, avec l'aide de quelques bonnes bouteilles, Bories décida la concierge à le laisser sortir un soir accompagné du concierge intérimaire, le brave et bon gendarme Balzingue, pour aller chercher des « papiers de famille ».

La nuit venue, le sergent-major endossa un vieux vêtement de chasseur, provenant probablement de la garde-robe du défunt de la bienveillante concierge, puis Bories et son ombre se rendirent au cabaret. Là, Bories, qui n'était pas connu de la cabaretière, puisque la malle avait été discrètement apportée par des soldats de sa compagnie, dut donner des explications avant d'obtenir la clef de la chambre et une chandelle. Laissant Balzingue causer avec cette femme, Bories monta seul, ferma la porte sur lui, et se livra tout à son aise au triage de ses papiers dont il brûla les trois-quarts, mit le reste sous sa veste et prit, avec du linge, quelques objets qu'il enfouit dans ses poches.

Cette importante opération terminée, le prisonnier emmena son gardien au *Café Suisse*, où il savait trouver des camarades. En effet, il vit trois ou quatre sous-officiers de son régiment et causa longuement avec eux. Que se dirent ces hommes? Personne ne le sut, encore moins Balzingue assis à une table, buvant avec gravité la bonne bouteille que Bories lui fit servir, pendant que ce dernier et ses camarades faisaient une partie de billard en buvant largement.

Enfin, le prisonnier ramena son gendarme à la Tour de la Lanterne avec la certitude que la complaisance et la discrétion de ses gardiens lui était assurées.

Goubin et Pommier eurent toutes facilités pour entrer à la Tour et s'entretenir librement, sans témoins, avec Bories, leur camarade, leur chef.

Depuis son arrestation et même aussitôt qu'il fut, à Orléans, confié à la garde de police, Bories avait pris ses précautions et confié à Goubin et à Pommier la direction des affidés. Ils partageaient à degré presque égal la confiance de Bories; toutefois il y avait une nuance : Goubin était chargé de la direction des affaires de la vente, mais Pommier était seul muni des cartes mystérieuse. qui servaient à aboucher et à accréditer les carbonari entre eux (1); en sorte que, par ce partage combiné des pouvoirs et des cartes de reconnaissance, ces deux confidents de Bories ne pouvaient se passer l'un de l'autre, étaient forcés de se concerter pour toutes les démarches ultérieures qui auraient

(1) Bories les avait fait remettre directement à Pommier par le soldat Biret, qui le servait dans sa prison. (*Acte d'accusation.*)

quelque importance. En outre, Bories remit à Goubin un petit paquet contenant quatorze poignards à transmettre à Pommier afin de les distribuer aux affidés « pour en frapper ceux qui dévoileraient les secrets de l'association. »

Le colonel de Toustain ayant été informé, assez tardivement, de la présence d'une malle appartenant à Bories, chez Maringuy, ordonna à l'adjudant-major Bourdillat d'aller faire perquisition dans la chambre indiquée, mais l'officier ne trouva naturellement rien de compromettant ; il ne restait plus en effet que du linge, des objets usuels et, dans la cheminée, un monceau de papiers calcinés. Bories avait agi fort rapidement et sûrement.

Le lieutenant général comte Despinois avait reçu à Nantes un rapport du maréchal de camp, de Malartic, commandant le département de la Vienne, relatant les propos tenus par Bories, puis une lettre du ministre de la Guerre qui avait été mis au courant de l'affaire d'Orléans, disant que la présence de Bories au corps était « devenue dangereuse et, qu'après avoir été cassé et remis simple fusilier à la suite, il devait être confié à la gendarmerie pour être conduit aux pionniers de discipline du fort Médoc. »

Le général Despinois invita donc le maréchal de camp baron de Nagle, commandant la 2ᵉ division militaire à La Rochelle, à donner l'ordre au colonel du 45ᵉ de casser le sergent-major Bories et de le confier à la gendarmerie pour être

conduit de brigade en brigade, non au fort Médoc, mais à Nantes, afin d'y être mis, s'il y avait
lieu, en prévention de conseil de guerre.

Cet échange de correspondance avait demandé
quelques jours. Bories fut cassé de son grade le
23 février et extrait de la Tour de la Lanterne,
le 24, pour être conduit à Nantes.

Le lieutenant général Despinois avait la réputation d'être un homme violent, emporté, d'une
sévérité excessive et qui, dans les interrogatoires
qu'il faisait subir aux militaires, quel que fût
leur grade, ressemblait plus à un inquisiteur tor-
tionnaire qu'à un chef ou un magistrat. Cette
réputation était outrée à l'excès par les journaux
libéraux qui ne pouvaient lui pardonner ses rigueurs à l'égard des gens trop peu respectueux
du gouvernement et surtout son attitude passion-
née dans la malheureuse affaire du maréchal Ney.

Despinois, après avoir lui-même interrogé l'ex-
sergent Bories, écrivit au ministre de la Guerre :
« Je ne profiterai point de l'autorisation de V. E.
pour l'envoi de Bories à une compagnie de discipline, parce que ce sous-officier devant recevoir
son congé de libération du service actif le 6 avril
prochain (1), le corps en sera légalement purgé ».

Cette décision, pleine de bon sens et de man-
suétude, présente le terrible général sous un
aspect très opposé à sa réputation ; elle ne fut pas
cependant pour la satisfaction de Bories qui,

(1) C'est-à-dire dans moins de trente jours.

quelques mois plus tard, tiendra à l'égard du lieutenant général un langage plein de haine et de mensonges absurdes, usant à son égard des instruments de la chicane pour l'attirer dans un piège, à la cour d'assises.

CHAPITRE IX

—

La Contagion

—

Le préfet de la Charente-Inférieure et le maréchal de camp commandant la subdivision vivaient dans une parfaite quiétude, assurés du bon esprit de la population du département et des troupes qui y tenaient garnison, en l'année 1822.

M. Louis Pépin de Bellisle, maître des requêtes au Conseil d'Etat, originaire de Nantes, était jeune : trente-trois ans. Homme d'une politesse exquise, calme, placide, posé et quelque peu indolent, il s'en remettait beaucoup à ses subordonnés pour le soin de l'administration, car il ne dut jamais bien connaître les besoins de ses administrés. Ce fut, en quelque sorte, un fonctionnaire instable, nomade, puisqu'en sept ans, de 1815 à 1821, on le voit appelé à administrer successivement six départements : Côtes-du-Nord, Vendée, Creuse, Dordogne, Sarthe et enfin la Charente-Inférieure, qui fut sa plus longue et dernière étape (du 20 août 1820 au 2 janvier 1823).

Le maréchal de camp, ou général de brigade, Thomas-Pierre baron de Nagle était, lui aussi, un très brave homme qui, après quarante-deux ans de services militaires sur tous les champs de bataille de la Révolution et de l'Empire, éprouvait le besoin d'un repos bien mérité. Né en 1771, à Cambrai, d'une famille d'origine irlandaise, il était entré en 1780 comme cadet gentilhomme au régiment de Berwick, chef de bataillon à la 3ᵉ demi-brigade en 1795, colonel du 92ᵉ régiment de ligne puis du 4ᵉ des voltigeurs de la Garde impériale et général de brigade en 1811.

Le général de Nagle connaissait bien le territoire de sa subdivision, mais moins bien l'esprit des troupes qui y tenaient des garnisons fort éphémères. Il ne faudrait pas mettre cette quasi-ignorance au compte de la négligence, mais à celui de la lassitude résultant d'une longue carrière militaire sans repos. Les postes qu'il avait occupés successivement dans le département de la Charente-Inférieure lui avaient fait connaître les besoins de sa défense, mais nullement l'esprit des populations. En 1813, il commande l'île d'Oleron, en 1814 à Rochefort, puis le département de la Vienne et de nouveau à l'île d'Oleron. Après quelques mois passés à Strasbourg, en 1818, comme lieutenant du roi, il vient définitivement à la tête de la 2ᵉ subdivision de la 12ᵉ division militaire, dont le siège était à Nantes.

Le lieutenant général ne devait pas se tromper, il avait été du reste fort bien renseigné par le général comte de Choiseul, commandant la 3ᵉ subdivision, à Niort, puis par le préfet des Deux-Sèvres, qui lui écrivait le 16 février, quelques jours après le passage du 45ᵉ à Niort, une lettre dont on a lu un fragment dans un chapitre précédent.

Il disait entre autres choses que le sieur Flottard, voyageur de « l'Association », se trouvait à Nantes à l'époque du complot dans le 15ᵉ de ligne et qu'il devait se rendre à La Rochelle voir et travailler le 45ᵉ régiment qui comptait beaucoup de carbonari dans ses rangs, que plusieurs sous-officiers, à leur passage à Niort, avaient communiqué avec « les frères et bons cousins » de cette ville. C'est ce Flottard qui a fait parvenir de l'argent aux bataillons coloniaux de l'île d'Oleron et de Rochefort. Enfin, un plan d'insurrection était formé et aurait dû éclater dans ce pays vers le 13 ou le 14 février. On espérait que les troubles excités à Nantes obligeraient le lieutenant général à appeler près de lui la majeure partie des garnisons de Poitiers et de Niort ; alors les bataillons coloniaux de Rochefort et de l'île d'Oleron devaient se diriger sur les Deux-Sèvres, la Vienne et se réunir aux carbonari de ces départements, à ceux de Saumur et à la majorité des élèves de l'école de Droit de Poitiers. On espérait aussi, à Niort, entraîner les cuirassiers du régiment d'Orléans en se défaisant du colonel. Si l'on n'avait pas cru pouvoir réussir, on serait venu surprendre le général et on l'aurait obligé, le pistolet sur la gorge, à signer un ordre pour diriger les cuirassiers sur un point éloigné, mais pas du côté de La Rochelle, bien entendu. On comptait sur les carbonari civils dont on exagérait le nombre, tous gens des plus basses classes.

La Rochelle, d'après des avis donnés encore par le général Despinois, devait être travaillée plus que toute autre ville de l'Ouest par les factieux.

M. Pépin de Bellisle fut on ne peut plus troublé par ces avis, qui tombaient sur lui comme un pavé au milieu d'une onde calme. Effaré, il prescrivit des recherches dans son département et, naturellement, il ne trouva rien, nulle trace de factieux.

C'est par son collègue des Deux-Sèvres, encore une fois, qu'il apprit l'existence des associations de carbonari et de chevaliers de la Liberté dans le département de la Charente-Inférieure, et qui plus est, leurs statuts, leur mode de correspondance, leurs signes de reconnaissance et la liste des affidés les plus importants.

Le général Despinois avait été, en même temps, informé de toutes ces choses et en avait immédiatement écrit au ministre de la Guerre, auquel il se permettait de dire, avec cette justesse d'appréciation, ce sens policier très aigu qu'il a toujours montré :

« *C'est une contagion* : les sociétés secrètes, qui attaquent, à la fois, le corps politique, la société et l'armée, et contre laquelle les remèdes ordinaires, c'est-à-dire les lois en vigueur interprétées et exécutées comme elles le sont par la plupart des autorités, ne peuvent absolument rien. »

Le militaire ne voyait que la justice sévère et redoutable d'une cour martiale, ou tout au moins

d'un conseil de guerre spécial. Or, cette manière
de voir, il s'efforcera bientôt de la mettre en prati-
que, mais il devra s'incliner devant le Code.

CHAPITRE X

La chaise de poste abandonnée

En conséquence des avis et des ordres qu'il avait reçus, le préfet Pépin de Bellicle prescrivit de sérieuses recherches et une surveillance plus étroite que celle qui lui avait paru suffisante une première fois.

Les libéraux connus, les mécontents criards et les membres de sociétés ou de groupes manifestant plus ou moins ouvertement des opinions hostiles au gouvernement du roi : bonapartistes, républicains de nuances diverses, les francs-maçons même, furent l'objet d'enquêtes qui ne donnèrent que peu ou point de résultats. Cependant, tous les départements de l'Ouest étaient depuis longtemps travaillés par les agents des partis systématiquement en lutte contre le gouvernement établi en France, quel qu'il fût.

Le préfet ne découvrit point dans la Charente-Inférieure des amis de Bernadotte ou des dévoués du colonel Oudet.

Cependant il y avait à La Rochelle des citoyens suspects. C'était en particulier un marchand nommé Cornu (1), soupçonné d'être de sociétés secrètes ; on disait qu'il recevait fréquemment des étrangers mystérieux dans son arrière-boutique. C'était aussi le coutelier Bonnet, puis un nommé Clément dont on ne signalait ni la profession, ni les moyens d'existence, enfin, le plus important, le citoyen Merens, marchand de cuir (2).

Les noms de Clément et de Merens avaient été trouvés dans les papiers du colonel Alix, l'un des conspirateurs de Nantes, sans aucune autre indication ; mais cela était suffisant pour que le préfet de la Loire-Inférieure les signalât à celui de la Charente-Inférieure. Pépin de Bellisle eut à ce sujet une conférence avec le procureur du roi. Celui-ci ne crut pas devoir faire arrêter ces individus, pressentant avec raison que ces deux hom-

(1) Louis Cornu, né en 1767, avait épousé Elisabeth Bellière, dont il eut un certain nombre d'enfants. En 1813, il était déjà établi marchand de tabac rue des Lapins (devenue quelques années après rue du Nord ; maintenant rue Amos-Barbot). C'est là qu'il reçut les personnages qui devaient prendre la tête du complot ainsi qu'on le verra plus loin. Il y était encore en 1825.

(2) Dominique-Etienne Merens avait épousé avant 1798 Jeanne Favard qui lui donna au moins 3 filles, dont l'une, épouse Chaillé, mourut en 1835. En 1805 il est marchand rue St-Yon ; en 1805 il est établi rue du Minage, comme marchand de cuirs, et nous l'y retrouvons encore en 1816, sous la désignation de corroyeur. Il était mort en 1835 et sa femme s'était retirée à Saujon. (Actes de l'état civil de La Rochelle.)

mes, avertis depuis plusieurs jours de l'arrestation d'Alix, prévoyant sans doute qu'ils pourraient être exposés à des perquisitions, auraient fait disparaître tout ce qui pourrait les compromettre.

Le préfet en fut assez contrarié, car il jugeait Clément et Merens comme les « deux individus on ne peut plus mal famés de la ville ». Il fut également orienté du côté des francs-maçons, mais ne porta point ses investigations policières de ce côté, probablement dans la crainte justifiée de se heurter à des personnes de marque et de rencontrer des fonctionnaires. Aucune mesure ne fut prise ni contre les trois loges de La Rochelle, ni contre celles des autres localités du département : Marennes, île d'Oleron, île de Ré, Rochefort, Saint-Jean-d'Angély, Saintes et Tonnay-Charente. Sur ce point le directeur de la sûreté générale au ministère de l'Intérieur, Franchet Despércy, n'avait donné à Pépin de Bellisle aucune recommandation ; probablement était-il mieux renseigné que le préfet.

M. Pépin de Bellisle était convaincu que le département qu'il administrait n'abritait aucune société secrète, aucun chevalier de la Liberté, aucun carbonaro, aucun conspirateur contre le gouvernement du roi.

Un moment, les lettres des préfets des Deux-Sèvres et de la Loire-Inférieure avaient jeté l'alarme et troublé sa quiétude. En vain, le général de Nagle lui avait-il communiqué les avis du général

Despinois, M. le préfet restait calme et placide.
sa conscience ne lui reprochait rien.

Le préfet des Deux-Sèvres l'ayant mis en garde
contre l'infiltration de l'association des chevaliers
de la Liberté, il avait, aussitôt, prescrit une surveillance très étroite à la limite des deux départements.

Le préfet de la Loire-Inférieure lui écrivit dans
les premiers jours de mars de surveiller les personnes venant de son département et les partisans
ou amis de l'ex-colonel Alix.

« J'ai fait rechercher avec soin les relations
qu'il pourrait y avoir avec La Rochelle, écrit sur
ce point Pépin de Bellisle au ministre. Il ne paraît pas que les révolutionnaires comptassent sur
son arrivée. Quoi qu'il ait fait dans cette ville
quelque séjour en qualité de premier aide de camp
du lieutenant-général Révaux, il est assez peu
connu et l'on ne pense pas qu'il pût exercer la
moindre influence. »

L'étroite surveillance des routes par la gendarmerie et celle des chemins par les gardes-cham-
pêtres ne donna rien. M. Pépin de Bellisle res-
pirait.

Quelqu'un vint tout à coup le tirer de sa tranquillité. Le sous-préfet de Saintes lui fit part, en
effet, d'une étrange découverte. M. Pépin de Bellisle en fut d'abord affolé, mais, le calme promptement revenu en son cerveau peu habitué à
s'émouvoir, il jugea convenable d'en informer le
ministre de l'Intérieur en confessant la négligence

dont il se sentait coupable, mais avec circonstances atténuantes.

« Un ex-officier qui porte le nom de Thomas
Flottard, écrit-il, m'avait été signalé comme devant se rendre de Nantes à La Rochelle, pour y
travailler les sous-officiers du 45e. J'avais pris mes
dispositions pour qu'il fût surveillé de près dès
son arrivée à La Rochelle. Ne prévoyant pas qu'il
pénètrerait dans mon département par une autre
route que celle de Nantes, où je savais qu'il se
trouvait au mois de janvier, je n'avais pas cru
devoir le signaler aux autorités de tout le département. L'évènement vient de prouver que cette
précaution eût été fort utile ; si elle eut été prise,
le sieur Flottard serait en ce moment sous la main
de la justice.

» Le 4 de ce mois (mars) cet individu, accompagné d'un sieur chevalier de Courchamp, est
arrivé à Saintes dans une mauvaise chaise de
poste. Le commissaire de police lui ayant demandé son passeport, il en a montré un fort en règle
délivré à Paris. Il a dit venir de cette ville et s'être
arrêté quelques moments à Angoulême. Sa chaise
de poste s'étant brisée, il a continué sa route pour
Rochefort sur des chevaux de louage et s'est rendu aussitôt chez le sieur Mercereau que j'ai déjà
eu occasion de signaler à votre Excellence comme
l'agent principal des ennemis du Gouvernement
à Rochefort.

» Le sous-préfet de Saintes n'ayant rendu aucun
compte du passage de ces deux individus, j'ai

prescrit sur le champ, à M. le sous-préfet de Rochefort de se concerter avec le procureur du roi pour les faire arrêter. Des recherches ont été faites chez le sieur Mercereau, qui a déclaré avoir vu le sieur Flottard et son compagnon le jour de leur arrivée, et il a dit qu'ils étaient l'un et l'autre partis pour Marennes, où ils étaient appelés par leurs affaires.

» Toutes les perquisitions qui ont été faites ne nous ont rien pu faire découvrir sur la route que Flottard et son compagnon ont prise. Depuis qu'ils ont quitté Rochefort, leurs effets laissés à la diligence n'ont pas encore été réclamés, et leur chaise de poste est déposée à Saintes chez un sellier qui a reçu l'ordre de ne pas la leur rendre avant d'en avoir prévenu l'autorité.

» Il est bien à regretter que Flottard, déjà connu à Nantes par les intrigues auxquelles il s'était livré, ne m'ait pas été signalé d'une manière spéciale comme devant être arrêté aussitôt son arrivée dans mon département. »

Après l'aveu de sa négligence, pour se faire pardonner, le préfet Pépin de Bellisle s'empresse de protester de son dévouement et de garantir la loyauté de ses administrés.

« Je dois répéter encore à V. Exc., écrit-il, en terminant, ce que j'ai déjà eu plusieurs fois occasion de lui dire sur la tranquillité de ce département. Les factieux pourront essayer de l'agiter ; moi, j'ai la conviction qu'il n'y réussiront pas et que nous parviendrons à rendre vains tous leurs efforts. »

Le sieur Flottard est bien connu, c'est l'un des fondateurs du carbonarisme, l'agent de la haute vente, c'est le commis-voyageur chargé de prêcher la révolte et de faire des prosélytes. On l'a vu au début préparant les statuts de la Charbonnerie, on l'a toujours trouvé sur le lieu des troubles, sur le chemin des factieux ; de lui on n'a donc rien à dire que ce qu'il a pu faire dans le département de la Charente-Inférieure.

Mais qui était ce compagnon mystérieux ? Il a déclaré s'appeler le chevalier de Courchamps (1). Et il semble bien en effet que, dans les semaines qui suivent, ce fut Coesen de Courchamps, le même qui avait été délégué du comité nantais au conseil tenu à Saumur le 17 février, qui accompa-

(1) Ce chevalier de Courchamps, connu de la police de l'Empire et de celle de la Restauration, devait quelques années plus tard se rendre célèbre sous le titre de comte de Courchamps, en publiant les *Souvenirs de la Marquise de Créqui*, dix volumes fabriqués de toutes pièces par lui et présentés comme sortis de la plume de la marquise. Malheureusement pour Courchamps, sa mystification, qui eut d'abord un très grand succès, fut aisément découverte, car elle était absolument contraire aux faits les plus patents de l'histoire de ce temps.

En 1841, cet aventurier mystificateur recommença, en publiant, dans le journal *la Presse*, un roman qu'il avait volé et qu'il déclarait être son œuvre. Ce fut un homme célèbre.

gnait Flottard courant de Rochefort vers l'île d'Oleron, de Marennes à La Rochelle, de La Rochelle à Nantes et de Nantes à Paris. La police, prévenue par le préfet de la Loire-Inférieure, les fila depuis Versailles.

Mais le mystérieux voyageur de la chaise de poste n'était pas Courchamps. Nous allons voir que c'était le général Berton.

CHAPITRE XI

—

« Un œil sur le militaire »

—

Dans une note au ministre de l'Intérieur, le directeur de la sûreté générale, Franchet-Despérey, faisant ressortir l'importance du mouvement libéral, et même le sentiment de révolte qui se manifestait de plus en plus dans l'armée, disait : « il est urgent d'avoir un œil attentif sur le militaire ». C'est à la suite de cette remarque que le ministre de l'Intérieur avait adressé à ses collègues de la Guerre et de la Marine des avis pressants pour une surveillance intensive des troupes de terre et de mer.

Le duc de Bellune n'avait pas attendu cet avis et, depuis longtemps, il se faisait soigneusement renseigner par les lieutenants généraux, plus ou moins bien informés par les maréchaux de camp et les chefs de corps.

Le ministre de la Marine ne resta pas en arrière et son action, en connexion avec celle de la Guerre, fut menée vigoureusement.

Le bataillon colonial, en garnison à l'île d'Oleron, qui avait été signalé pour son mauvais esprit et pour avoir été travaillé par les carbonari et surtout par l'imprimeur Despierris de Niort, reçut inopinément l'ordre de partir pour une autre garnison. Une enquête discrète fut faite au port de Rochefort sur les officiers et particulièrement sur la loge maçonnique composée de civils et de militaires de tous grades. M. Pépin de Bellisle n'y trouva que des royalistes purs, sauf un, le médecin Prost « qui appartient par ses opinions au centre gauche..., gendre d'un homme dont les principes royalistes sont très prononcés ». M. le préfet avait des lunettes bleues : il était optimiste par tempérament, mais la loge fut fermée quelque temps après, à l'occasion d'un discours peu orthodoxe de ce même « gendre d'un homme royaliste prononcé. »

En dehors des allées et venues du Niortais Despierris, on ne constatait aucun lien entre les diverses associations secrètes du département, et pas le moindre rapport avec les militaires du 45ᵉ régiment de ligne, à La Rochelle. La vente de carbonari existant dans son sein y végétait, absolument ignorée au dehors : comme le ver rongeur à l'intérieur d'une pomme, on peut constater sa présence, mais il est impossible d'en préciser les ravages.

Si les sous-officiers composant la vente militaire avaient tenté de faire du prosélytisme, ils auraient échoué ou leurs adeptes eussent été de très médiocre valeur. Les populations d'Aunis et de Saintonge, composées pour la plus grande partie d'agriculteurs et de commerçants (excepté dans des villes du littoral où l'élément étranger s'est incrusté), sont d'origine autochtone, par essence paisiblement attachées à la terre nourricière. Alors que la guerre de réaction sévissait chez ses voisins de Vendée, alors que sur son territoire même des représentants du peuple, proconsuls empanachés, aux mains tachées de sang, venaient étaler leur morgue et leur cruauté révolutionnaires, la population d'Aunis et de Saintonge ne se départit pas de sa calme patience et le département de la Charente-Inférieure, hormis le territoire de Rochefort avec l'horreur de ses pontons, ne connut pour ainsi dire point les beautés et les gloires de la Terreur (1).

Toutes ces choses nouvelles n'étaient pas dans son tempérament.

Petit à petit, cependant, le virus s'inoculait et se développait sous l'effet de souffles particuliers. C'était le cas de la grande armée des mécontents qui, depuis les premières heures de la Restauration, s'exaspérait chaque jour de plus en plus.

C'est cet état d'esprit que des meneurs, parfois loyaux, mais le plus grand nombre ambitieux, voulurent exploiter, profiteurs des marrons tirés du feu, qui l'a brûlé, par un peuple exalté.

(1) Il faut pourtant noter le massacre de quatre prêtres, internés à la Tour de la Lanterne, par la populace rochelaise, le 23 mars 1793, alors qu'on tentait de les embarquer.

Si les mécontents étaient nombreux, les révoltés l'étaient beaucoup moins, surtout dans la Charente-Inférieure. Individuellement, chacun était décidé à agir, mais personne ne voulait se montrer, ni marcher sans son voisin. Tout ce monde voulait bien se lever, mais attendait que son voisin commençât ; or, personne ne voulait commencer. On en aura la preuve à l'affaire de Thouars d'abord et à La Rochelle ensuite.

Sur qui pouvait compter cette vente d'une vingtaine de carbonari militaires décidés à conquérir la Liberté ? On leur avait dit que des carbonari civils et des chevaliers de la Liberté existaient en grand nombre à La Rochelle et dans les environs; mais, ils les ignoraient. Ils ne virent jamais que quelques individus sournois, méfiants, du petit commerce ou du bas peuple, qu'ils rencontraient dans des cabarets sur le port ou près des fortifications, et c'était tout. De l'extérieur, ils ne savaient rien, et cependant ces vingt hommes conservaient leur foi et leur exaltation, sous le couvert d'une conduite régulière et l'observance rigoureuse de la discipline.

Le colonel, marquis de Toustain, avait « l'œil sur les militaires » sous ses ordres ; secondé par ses deux adjudants-majors, il ne se départait pas d'une surveillance étroite et particulièrement d'une partialité préconçue à l'égard du capitaine Massias et des sergents qui lui avaient été signalés comme mauvaises têtes et amis du sergent-major Bories, dont l'influence « avait été dangereuse ».

Surveillance et défiance inutiles : le capitaine Massias se montrait un officier sans reproches, se tenant, il est vrai, à l'écart des autres officiers dont il jugeait que les galons prouvaient plutôt la faveur que les mérites.

Un jour le colonel reçut par la voie hiérarchique un ordre du ministre de la Guerre d'avoir à casser de son grade et remettre simple fusilier à la suite le sergent Bonnardel, qui s'était fait recevoir chevalier de la Liberté lors du passage du régiment à Niort. Le marquis de Toustain fut assez contrarié par cet ordre, car il avait de l'estime pour le sergent Bonnardel, le tenant pour un bon sujet, qui n'avait jamais failli à la discipline et passait pour l'un des meilleurs soldats du régiment. Ce très jeune homme était né à La Jarrie, en plein pays d'Aunis, et avait exercé à Niort la profession de commis marchand. Son père, maître de musique, lui avait fait donner une bonne instruction primaire et lui avait en outre inculqué des principes d'ordre et de loyauté. Sa faute était d'avoir cédé trop facilement aux suggestions d'anciens camarades.

Le colonel manda le sergent et paternellement l'invita à s'expliquer sur son cas et à se confesser en toute franchise. Ce que fit Bonnardel sans la moindre hésitation, comme un homme qui, conscient de sa faute, se décharge du poids qui l'oppresse et témoigne un vrai repentir. Le plus grand secret demeura sur ce qui fut dit, mais le colonel, satisfait et toujours bienveillant, fit un rapport très favorable, demandant la grâce du sergent. Quelques jours après, « le terrible » lieutenant général comte Despinois écrivait au ministre de la Guerre : « Le sergent Bonnardel a racheté sa » faute par un aveu positif à son colonel, le mar- » quis de Toustain, qui demande sa grâce en rai- » son de sa jeunesse et de sa franchise. » La grâce fut accordée.

Bonnardel n'était point carbonaro et ne fréquentait point les bons cousins de la vente militaire ; il ne put donc guère fournir d'indication sur ce sujet. Quoiqu'il en soit, la preuve que sa conversation avec le colonel ne manqua pas d'intérêt, c'est que Bonnardel, qui n'avait plus que quelques mois de service avant de terminer son temps, fut admis à rengager avec son grade, qu'il fut promu sous-officier le 1er janvier suivant et sous-lieutenant le 4 novembre 1824 (1).

Le colonel marquis de Toustain avait l'œil ouvert, mais ne voyait rien, car rien d'anormal ne semblait se passer au sein du 45e. Les rapports

(1) Pierre Bonnardel continua une carrière honorable dans l'armée et quand l'heure de la retraite en 1843 vint le trouver à Mostaganem où il exerçait les fonctions de capitaine adjudant de place, il pouvait s'enorgueillir de ce que le général Pélissier, le futur maréchal, écrivait à son sujet en 1847 :

« M. Bonnardel est en tous points recommandable ; » il est honoré et estimé de tous. Il est complètement » digne de la décoration de la Légion d'honneur de- » mandée plusieurs fois pour lui dans les termes les » plus flatteurs et les plus justes à la fois. »

ne signalaient que la fréquentation, par des sergents, de cabarets peu recommandables et la présence de quelques individus du bas peuple, rôdant autour des casernes, qui abordaient mystérieusement des sous-officiers, presque toujours les mêmes.

Le colonel, doit-on ajouter, avait été informé, probablement par le sergent Choulet (le même qui avait si vertement répondu aux ouvertures faites par Bories, sur la route d'Etampes à Orléans), qu'il se tenait de fréquentes réunions dans les chambres de divers sous-officiers et, bien que la porte fût toujours hermétiquement fermée, le bruit des voix était parfois parvenu à ses oreilles. C'est ainsi qu'il avait entendu dire par l'un d'eux à ses camarades, que « le meilleur moyen à employer pour exalter les militaires, c'est de leur rapporter, en les tronquant, les discours prononcés aux Chambres, de leur parler d'un projet certain de ne faire monter que les nobles aux grades d'officiers ; de la rixe qu'ils ont eue à Orléans avec des Suisses et au sujet de laquelle on cherche à leur faire entendre que le Gouvernement du roi préfère les troupes étrangères aux troupes françaises », et bien d'autres billevesées inspirées par la révolte et la haine.

Mais, une partie de ces propos étaient monnaie courante ailleurs qu'au 45° et le marquis de Toustain n'y prêta aucune attention.

CHAPITRE XII

L'Equipée du Général Berton

Après le départ de Bories pour Nantes, Goubin et Pommier, ses lieutenants, s'efforcèrent de remplacer ce chef de la vente militaire du 45ᵉ régiment. Leurs agissements qui tendaient au même but avaient cependant, parfois, des allures opposées et Pommier n'était pas toujours satisfait de la conduite de son compagnon qui affectait quelque indépendance à son égard ; néanmoins, ils collaboraient ensemble avec activité à la direction de leurs camarades de la vente.

Goubin, plus actif, plus imprégné peut-être des idées de Bories, allait sans arrière-pensée, ne songeant point qu'il pouvait porter ombrage à son camarade. L'avis qu'il avait reçu du chef, que les ordres du comité directeur de la haute vente devaient parvenir à la vente du 45ᵉ par l'intermédiaire du capitaine Massias, le mettait dans l'obligation de rechercher cet officier pour obtenir de lui quelques renseignements. Or, Massias n'était pas seulement muet, mais presque invisible, se terrant, ne fréquentant le quartier qu'aux heures indispensables de son service. Savait-il quelque chose et ne voulait-il rien dire, ou n'était-il en réalité au courant de rien ? En réalité, il ne savait rien parce qu'il n'avait reçu aucun avis et qu'il s'efforçait de se tenir lui-même sur la plus prudente réserve et dans la plus grande ignorance.

Goubin ayant, un jour, avec beaucoup de difficulté, pu s'approcher du capitaine, lui demanda s'il n'avait pas reçu d'ordre. « Aucun », répondit laconiquement Massias en s'éloignant rapidement. Une seconde fois, Goubin insistant, le capitaine Massias affirma encore n'avoir rien reçu et n'avoir rien à recevoir ; puis il informa Goubin que Berton venait de subir un échec dans sa marche de Thouars sur Saumur, enfin que deux compagnies de voltigeurs du 45e allaient partir dans les environs de Parthenay pour aider la gendarmerie dans la chasse aux bandes du général en fuite.

On se rappelle que le comité de Saumur avait, le 9 février, renvoyé la discussion d'un plan définitif au 17. La réunion eut en effet lieu à cette date. Le général était entouré des membres du comité et des délégués de Rennes, Nantes, Angers, Le Mans, Poitiers, Baugé, Niort et Thouars. Le plan qui fut adopté était si vaste qu'il tirait sa faiblesse de son étendue et de supputations irréalisables. Malgré cela, aveuglé par son insatiable besoin d'action et son ambition, le général Berton l'accepta.

Il fut donc décidé que le mouvement commencerait à Thouars, petite ville fermée, dont les habitants appartenaient en masse à la cause de la Liberté et qui renfermait pour toute garnison cinq gendarmes que l'on disait être eux aussi dévoués à la cause ; un des principaux motifs qui avaient fait choisir ce point, c'est que l'on comptait beaucoup sur un lieutenant en demi-solde devenu capitaine de la garde nationale, nommé Pombas, qui, déjà, sous le prétexte de réjouissance publique, avait fait mettre à sa disposition une petite pièce d'artillerie, des munitions et seize canonniers. Tout devait se passer sans difficulté ; réunion des conjurés du pays et des pays voisins, départ pour Saumur qui devait se livrer et d'où la révolution serait solennellement proclamée.

Le dimanche 24 février, le général Berton se rendit à cinq heures du matin chez Pombas, où se trouvaient réunis les chefs du mouvement ; de là, il se rendit sur la place, fit acte d'autorité et même de gouvernement, lança des proclamations au peuple et à l'armée, fit arborer le drapeau tricolore. Mais, avant le départ, il crut bon d'aller déjeuner, précaution qui lui fut néfaste et lui fit perdre un temps précieux.

A sept heures du matin seulement il donna l'ordre du départ. La troupe, qui devait être de 5oo hommes, ne se composait plus que de 13o et de 15 cavaliers, tous fort mal armés. Précédée d'un tambour et du drapeau tricolore, elle s'avançait sans enthousiasme ; les paysans, déroutés surtout par le retard dans la marche sur Saumur, n'accouraient pas grossir les rangs, on se contentait de saluer le drapeau aux couleurs glorieuses et gaies. La troupe passée, les paysans déçus regagnaient leurs demeures.

Les conjurés de Saumur attendaient Berton pour midi, son retard fit naître l'inquiétude. Enfin, vers sept heures du soir, il arrivait au pont Fouchard, aux portes de la ville.

Le sous-préfet envoya pour lui barrer la route quelques gendarmes et un peloton d'élèves de l'école de cavalerie ; le maire y joignit une quarantaine de gardes nationaux qu'il avait pu réunir à grand'peine. Une barricade fut dressée avec des charrettes pour intercepter l'entrée du pont.

Il se passa alors une multitude d'incidents fort curieux qui montrent l'indécision, l'imbroglio dans lesquels se débattaient les autorités. Quelques détails sommaires sont indispensables pour l'enchaînement des faits qui conduisent jusqu'à La Rochelle.

D'après Guillon, « l'attitude des élèves de l'école de cavalerie n'avait alors rien d'hostile. L'officier qui les commandait en l'absence du général de Saint-Alphonse, absent, se bornait à les mettre en garde contre la défection. En effet, Delon, le révolté de la première affaire qui, s'étant soustrait au conseil de guerre par la fuite, était devenu le lieutenant du général Berton, et accompagnait celui-ci, s'était avancé vers ses anciens camarades, échangeait avec eux des serrements de main, leur déclarait que la colonne n'était que l'avant-garde d'une armée de 10.000 hommes qui marchait sur Saumur ; que le drapeau tricolore flottait à Thouars, à Parthenay et dans toute la campagne. La petite troupe allait se laisser convaincre lorsqu'un second détachement arriva pour la soutenir ; le général fit alors évacuer le pont et se retira derrière sa barricade.

Berton avait tenu parole, il se trouvait devant Saumur, avec le drapeau tricolore déployé, à la tête d'une troupe d'insurgés amenés de plus de sept lieues. « C'était maintenant aux conjurés de la ville à accomplir leur tâche dans l'œuvre commune, dit de Vaulabelle. Mais les membres du comité d'exécution ne se montrent nulle part et chacun, ayant dans cette absence une excuse pour son inertie, n'ose prendre résolument l'initiative d'un appel aux armes. »

De son côté, le maire, M. de Maupassant, avec un seul garde national, descendit pour parlementer avec le général Berton et l'invita à se retirer. Une sorte d'armistice fut conclu ; il était alors minuit et l'obscurité absolue.

Berton avait dit à ceux qui le pressaient de charger que la ville ne résisterait pas : « Qu'elle vienne à moi et j'entrerai. J'ai dit aux patriotes de Thouars qu'ils trouveraient Saumur soulevée ; ils n'entreront qu'à cette condition. » Et il fut inébranlable.

A l'insu du maire, le sous-préfet déployait une grande activité ; il réussit à obtenir du commandant du château des hommes et une pièce de ca-

non et on allait faire sauter la barricade et marcher sur la petite troupe. Alors, on supplia Berton de se retirer ; le lieutenant Delon, fougueux,
l'excitait au combat. L'attaque devait avoir lieu
aux premières lueurs du jour, Berton donna
l'ordre de la retraite, en disant : « Je ne prendrai
pas sur moi de faire verser le sang français. Je ne
sacrifierai pas à des promesses que l'on peut encore ne pas tenir un seul des braves gens qui
m'ont suivi. »

Dans la nuit, la troupe d'insurgés se retira vers
Montreuil, pour regagner Thouars où elle rentra
pour se disperser sans avoir tiré un seul coup de
fusil.

Ce fut seulement le lendemain et jours suivants
que les recherches actives faites par la gendarmerie, à Saumur, à Thouars et dans les environs,
amenèrent l'arrestation d'environ cent cinquante
personnes plus ou moins compromises, mais les
chefs ne furent peu ou point appréhendés.

Bien que Berton ait eu « une faiblesse d'esto-
mac » devant Saumur, certains de ses partisans
avaient en lui une foi par trop tenace, et l'on est
surpris de trouver parmi eux l'ex-commandant
Gauchais, un des membres du comité de Saumur, un des fondateurs des chevaliers de la Liberté, qui avait émis ce jugement sur le général
Berton : « Son caractère faible, son incapacité,
» m'avaient frappé dans les derniers temps, et
» j'en avais averti les conjurés. Je leur avais dit
» qu'il nous perdrait tous, et ma prédiction ne

Le Général BERTON.

(gravure déposée le 17 octobre 1822 et interdite par la censure.
Lithographiée par Delpech. Collection Frédéric Masson).

» s'est que trop vérifiée. Les esprits médiocres
» sont trop enclins à se persuader que dans un
» habit de général gît toute la science du mé-
» tier. » Le général Berton, sous un déguisement,
et accompagné de Flottard, se dirigea en chaise
de poste sur Angoulême, puis sur Saintes, cherchant à dépister la police. La chaise de poste
s'étant brisée, ainsi que nous l'avons vu plus
haut, Berton, qui venait d'entendre le tambour
de ville donner son signalement avec promesse
de récompense à celui qui le livrerait, prit peur
et courut à travers la campagne chez M. de Beauséjour, député de Saintes. Celui-ci, ne le sentant
point en sûreté dans sa demeure en raison de ses
sympathies connues et de ses idées fort avancées
pour l'époque, lui trouva un asile discret et sûr
dans la commune de Geay, chez un légitimiste
généreux (1).

La présence du général Berton, non loin de La
Rochelle, fut connue des affiliés. « C'est alors, dit
Gauchais, que nous conçumes la pensée de renouer les fils de la conspiration et de la faire éclater dans cette ville. Nous avions, soit dans les habitants, soit dans la garnison que nous avions
gagnée, des éléments convenables. »

(1) Au moulin de Billoteau, près du bord de la
Charente. Un article de M. Charles Millon, arrière
petit-fils de l'hôte du général Berton, a fait, il y a
quelques années, dans la *Gazette d'Aunis*, la lumière
sur ce point (17 septembre 1922).

CHAPITRE XIII

L'Heure de l'Action

Flottard, en sortant de Rochefort, avait pris la route de Marennes, se dirigeant vers l'île d'Oleron, où il comptait agir sur le bataillon colonial en garnison au Château ; mais, en chemin, ayant appris que cette troupe avait reçu l'ordre d'aller tenir garnison au loin, il fit volte face et, suivi du chevalier de Courchamps, se dirigea vers La Rochelle où l'attendaient des affidés.

Malgré l'optimisme du préfet Pépin de Bellisle, la Charbonnerie avait des adeptes dans le département de la Charente-Inférieure, et les chevaliers de la Liberté y comptaient aussi quelques associés. L'imprimeur niortais Despierris avait, à plusieurs reprises, fait des initiations à Rochefort, à La Rochelle et à Surgères (1). La correspondance était

(1) Le général de Choiseul, commandant à Niort, écrit le 13 février, d'après les déclarations de Salèle, qu'à la dernière foire à Niort de nombreux habitants des départements voisins ont été reçus chevaliers de la Liberté, parmi lesquels « deux riches propriétaires de Surgères ou des environs dont on n'a pas fourni les noms. On sait seulement qu'ils sont acquéreurs de domaines nationaux ».

assurée entre les ventes par des agents secrets, entre lesquels se distinguait par son activité le nommé Poinot, individu véreux qui parcourait sans cesse les routes de Parthenay à Niort, de Niort à Mauzé, de Surgères à La Rochelle. Dans cette ville, des carbonari peu nombreux avaient fondé une vente centrale qui communiquait avec d'autres ventes de très minime importance établies sur différents points.

Flottard, dont la venue était annoncée, trouva là des hommes affidés très sûrs, tels que Mérens, marchand de cuir, président de la vente, les commerçants Cornu et Clément, le coutelier Bonnet, qui le cachèrent, lui procurèrent un gîte secret dans une petite maison isolée, probablement près de la fontaine Grimaud, non loin du bourg de L'Houmeau, à cinq kilomètres de La Rochelle (1).

Ces gens abouchèrent le député de la haute vente de Paris avec les sous-officiers du 45e qu'il ne connaissait pas, n'ayant été en rapport qu'avec Bories.

(1) Des historiens ont prétendu que *le député* était logé à *Marans* ; or cette localité est à 22 kilomètres de La Rochelle, et celle qui est toujours bien désignée n'est qu'à une heure et demie au plus de la ville.

Cette erreur vient du récit mensonger de Lefèvre.

En désignant la fontaine Grimaud, nous ne nous basons que sur les dires des vieilles gens des communes voisines ; mais cette tradition nous paraît très vraisemblable.

Les membres de la vente militaire du 45ᵉ n'avaient pas besoin d'un missionnaire pour réchauffer leur zèle. Une ardeur que n'affaiblit point les contre-temps, les déceptions, brûlait en eux malgré la disparition de Bories, leur chef, leur animateur. Tous, ou à peu près, avaient à cœur de se conformer aux principes et aux recommandations de ce chef. Goubin et Pommier, secondés par Raoulx, entretenaient le feu sacré dans des réunions ou conciliabules incessants, dans les chambres, porte close, dans des locaux de cabarets discrets : chez le restaurateur Maringuy, en face des casernes, chez Yvert, au *Soleil d'or*, devant le « Jardin des plantes », au café Demeulle, sur le port, au cabaret du *Lion d'or*, situé au village de Lafond. Les lieutenants de Bories, animés des meilleures intentions, mais évidemment au-dessous de leur tâche, faisaient tout leur possible pour grossir leurs rangs ; les recrues furent insignifiantes et de mauvaise qualité. On n'en compte que trois qui furent initiées à la dernière heure.

Le premier initié fut le sergent-major César-Auguste Goupillon qui raconte ainsi son histoire : «... Plusieurs fois à Paris, le sergent Bories, de » la 2ᵉ compagnie du 1ᵉʳ bataillon, me parla d'af- » faires politiques et tâcha de me lancer dans une » société qui, suivant le langage que l'on me tint, » était semblable à celle des carbonari de Naples. » Je ne lui promis rien et, depuis ce temps, ja-

» mais il n'en reparla (1). Arrivé à La Rochelle,
» Raoulx, sergent à la 3° du 2°, me fit la même
» proposition que Bories, j'eus la faiblesse de dire
» que j'y consentais. Le lendemain, à la parade,
» Pommier, sergent-major à la 3° du 2° bataillon,
» m'invita à me trouver de suite chez Maringuy,
» cabaretier en face du quartier *de la Bravoure* (2).
» J'y fus aussitôt. La femme Maringuy me dit de
» monter dans la chambre du 1er étage. Arrivé
» là, j'y trouvai Goubin, sergent, Pommier, ser-
» gent-major, Castille, sergent-major, Assenès,
» sergent, et Raoulx, sergent, qui me firent
» asseoir. Goubin tira de sa poche un poignard
» et me fit jurer que si je révélais ce qu'ils
» allaient me confier, je serais leur première vic-
» time... »

Après Goupillon, ce fut le tour du simple soldat
Lefèvre :

« J'ai été reçu, dit-il, dans son interrogatoire
» du 25 mars, le même jour que Goupillon, par
» Goubin, qui m'a fait prêter serment sur un
» poignard de ne pas révéler les secrets de la so-
» ciété ; on me dit que le but de cette société était

(1) A la Cour d'assises Goupillon donne une explication différente : « Le 6 mars j'allais au café militaire
avec Raoulx, je lus un journal où il était question de
carbonari... On me dit que c'était une société qui voulait le maintien de la charte et de la liberté. Je témoi-
gnai le désir d'en être. » Le café en question est maintenant le café de la Paix.

(2) C'était le nom d'une des casernes.

» de défendre la liberté ; que nous n'aurions rien
» à faire ; que c'étaient les bourgeois carbonari
» qui devaient agir. Le sergent-major Pommier
» me dit d'aller à sa chambre chercher un poi-
» gnard ; je lui répondis que je n'en avais pas
» besoin, puisqu'il n'y avait rien à faire... »

Le fusilier Lefèvre n'en est pas à un mensonge
près ; aussi Fouquier (auteur d'une histoire des
quatre sergents), croit devoir faire cette judi-
cieuse remarque :

« Comment concilier cela avec les dires de Lefèvre lui-même, racontant plus tard qu'il fut reçu
à Paris un des premiers, le premier peut-être, par
son camarade Bories ? » (1). Cet écrivain ne s'était
pas donné la peine d'examiner les racontars de
Lefèvre, ses invraisemblances et ses contradictions ; s'il eût fait cela, il aurait dit lui aussi que
l'auteur des *Souvenirs* était un menteur.

Dans cette réunion, on expliqua aux nouveaux
adeptes le but du complot qui était d'arborer le
drapeau tricolore et de se joindre aux révoltés.
On les invitait aussi à « travailler » les hommes
sous leurs ordres de façon à pouvoir compter sur
eux au premier signal.

Pommier et Goubin parlaient sans cesse des
ordres qu'ils attendaient de Paris : ordres qu'ils
réclamèrent à plusieurs reprises au capitaine Massias, toujours sourd à leurs insinuations ; ils an-

----

(1) FOUQUIER. — *Causes célèbres, Les Quatre Sergents de La Rochelle.*

nonçaient aussi la venue imminente du député de la vente suprême, comité directeur de Paris.

Tandis que Goubin s'agitait de son côté, soit pour augmenter le nombre des conjurés, soit pour arranger avec les carbonari du pays un plan d'exécution du complot, Pommier ne négligeait rien du sien pour recueillir toutes les nouvelles qui pourraient donner quelques lueurs sur ce qui se passait dans les diverses ramifications de la conspiration générale. Dans une conférence avec Merens, que Goubin qualifie de président de la haute vente de La Rochelle, celui-ci assura Pommier que Saumur était pris et que, sous trois jours, le drapeau tricolore flotterait dans toute la France. Pommier accourut redire cette fameuse nouvelle à Goubin qui retourna en toute hâte auprès de Merens, le quel la confirma en ajoutant que le moment était arrivé de se mettre en rapport avec le capitaine Massias.

Goubin s'empressa d'aller le trouver pour lui faire part de ce désir. Mais le capitaine lui déclara que l'affaire de Saumur était manquée, que le coup était raté, qu'au surplus il ne se mêlait point de toutes ces affaires, et que lui, Goubin, ferait bien de l'imiter. Or, au lieu de rapporter fidèlement ces paroles à Merens, Goubin lui dit simplement que le capitaine, retenu par son service, ne pouvait se déranger. Cette tromperie avait pour but de ne pas effrayer Merens par la nouvelle de cette défection et de ne pas le dégoûter lui-même du complot en lui apprenant que l'on per-

dait, de ce fait, le principal agent de correspoh-
dance avec le comité directeur de Paris.

Goubin, malgré cet échec, ne se tint pas pour
battu et, avec obstination, il rechercha toutes les
occasions de rallier le capitaine et de le mettre
en rapport avec divers émissaires.

La duplicité de Goubin ne doit pas surprendre,
car Pommier, tout le premier, avait éprouvé quelque mécontentement de ce que son camarade
mettait continuellement du mystère dans sa conduite vis-à-vis de lui depuis le départ de Bories
pour Nantes. Goubin s'était beaucoup entretenu
avec des bourgeois inconnus qui l'assuraient que
tout marchait pour le mieux, que tout irait rapidement et que le coup était sur le point d'être
porté.

Depuis la fin février, Massias eut à subir les
instances importunes de Goubin qui le tourmen-
tait pour qu'il s'abouchât avec un étranger, in-
dubitablement Flottard, qui voulait lui parler.
Obsédé, le capitaine finit par dire qu'il serait le
soir chez lui. Or, il s'abstint de rentrer à son domicile.

Mis une première fois en éveil par l'arrestation
de Bories, qu'il croyait motivée par des soupçons
sur la conspiration, puis peu à peu dégoûté par
les résultats négatifs des complots de Nantes, de
Saumur, du Midi et de l'Est, Massias réfléchit que
lui-même pouvait être incriminé, s'il persistait
dans un complot, éventé peut-être dès l'arrivée du
régiment à La Rochelle. En cet état, il dut néces-

sairement prendre la résolution très prudente et très motivée de ne plus persister dans ce complot et d'éviter tout contact avec les carbonari.

Goubin, ne pouvant admettre que Massias se dérobât ainsi, fit tous ses efforts pour le ramener à ce qu'il considérait comme un devoir. Il écrivit à Massias pour le déterminer à voir le député de la haute vente. Ce fut Bicheron qu'il chargea de porter la lettre. Le capitaine ne prit pas la peine de l'ouvrir ; mais, quelques jours après, il reprocha à Goubin de lui avoir envoyé un nouveau confident. Goubin saisit l'occasion pour s'exhaler en plaintes contre Massias, sur la mollesse de son caractère, disant qu'il l'avait cru un tout autre homme, et que, si tout avait manqué jusqu'à cette heure, c'était sa faute ; et il continua à voir le capitaine qui se tenait à l'écart. Peut-être attendait-il que les événements prissent une tournure marquée pour se décider, le cas échéant, pour l'action ou s'abstenir prudemment.

Le mois de mars commença par une recrudescence d'intrigues qui se succédaient avec d'autant plus de rapidité que le milieu de ce mois avait été fixé pour *le grand coup* ; intrigues dont une partie paraissait menée par le mystérieux étranger qui avait manifesté un si vif désir de communiquer avec Massias.

Merens et ses amis apprirent à Goubin et à Pommier qu'enfin de grands personnages étaient sur le point d'arriver. En conséquence, Pommier et Goubin furent invités à se rendre au café Demeulle (1), situé sur le port, un des lieux de réunion des conjurés, pour y recevoir une communication ; ce à quoi ils s'empressèrent d'accéder. Dès qu'ils furent entrés, on leur proposa de se transporter, tous deux, à une petite distance de la ville, où on leur apprendrait du nouveau. Parvenus au milieu de la localité indiquée (Lafond, probablement), il leur fut révélé que le délégué de la haute vente de Paris était arrivé avec un général et qu'il fallait s'aboucher avec eux dès le lendemain, sur quoi ils tombèrent d'accord.

Rentré en ville, Goubin fit son possible pour

(1) Mathieu-Jacques Demeulle, né en 1780 ou 1781 à St-Léger de Gratigny (Eure), avait épousé Marthe Leseigneur avant 1807. A cette date il était préposé aux douanes et habitait rue Sardinerie. En 1812, nous le trouvons établi comme horloger, rue de la Bourserie (cours Wilson actuel), puis en 1820 sur la grande Rive (quai Duperré). Quand il mourut, le 14 février 1839, il habitait rue de la Grosse-Horloge. L'un de ses gendres, Claude-Antoine Cosnard, était aussi horloger. (*Actes de l'état civil de La Rochelle.*)

A côté de la boutique d'horlogerie du quai, Demeulle avait un café avec billard indiqué au registre des contributions comme se trouvant au n° 1, quai Maubec, soit au coin du canal. Il est probable que l'entrée du café était quai Maubec et celle de l'horlogerie sur l'autre quai. Les conciliabules secrets avaient lieu dans une salle du premier étage.

Le commerce d'horlogerie fondé par Demeulle existe toujours rue de la Grosse-Horloge. Mais à l'époque de sa mort, il se trouvait dans la petite maison aussitôt le coin de la rue Chef-de-Ville.

informer Massias de cette importante nouvelle ; ne le trouvant pas, il dicta à Raoulx une lettre pour le capitaine, qu'il guetta et surprit dans la chambre des officiers de sa compagnie. Prestement, il lui mit la lettre dans les mains en disant : « Prenez et lisez. » On ne sait si le capitaine lut la missive ; dans tous les cas, Goubin ne reçut aucune réponse et rien ne parut changé dans l'attitude de son chef.

Le lendemain, comme il avait été convenu, Goubin alla au rendez-vous fixé pour l'entrevue avec le délégué du comité directeur de Paris, mais seul, Pommier étant empêché par son service. Goubin, muni de cartes de reconnaissance, en sortant par la porte Dauphine, trouva un guide inconnu de lui qui le conduisit en un point de la route, où on le fit attendre une demi-heure. Le guide alla s'enquérir si le délégué pouvait recevoir Goubin, puis il revint prendre le sergent, l'introduisit dans une pièce où il y avait des barriques de vin et le mit en rapport avec le délégué. Celui-ci s'informa de ce qui se passait au régiment, de Bories, de Massias, des motifs qu'avait eus celui-ci pour ne pas communiquer avec les carbonari de La Rochelle et, apprenant que Massias semblait vouloir se retirer du complot, il se plaignit de cette défection, qui était, disait-il, une violation des promesses que Massias lui avait faites à Paris ; puis il demanda l'adresse du capitaine. De plus il chargea le sergent de remettre à Massias un mouchoir à carreaux bleus, blancs et rouges, qui lui servirait de signe de reconnaissance, et de l'engager à venir lui parler sur la route de Nieul.

Ce rendez-vous, donné au capitaine, était soumis aux formalités singulières d'un protocole spécial : Massias devait avoir un livre à la main et se tenir sur un côté de la route, tandis que le délégué marcherait sur l'autre. Ce n'est qu'avec de telles précautions qu'ils pourraient s'aborder sans danger.

Goubin, après la conférence, s'empressa de rentrer en ville et d'aller faire la commission à Massias qui ne voulut rien entendre.

Peu de jours après cette entrevue, des bourgeois se présentèrent à la caserne et demandèrent le sergent Goubin. Averti aussitôt, celui-ci vint et l'on se fit des signes, on échangea des mots, finalement on se reconnut bons cousins. Les bourgeois (à cette époque, on qualifiait de ce titre à peu près tout individu qui n'était pas militaire) lui donnèrent rendez-vous au café Demeulle.

Goubin s'y rendit, le coutelier Bonnet l'attendait pour le conduire sur la route de L'Houmeau, où devait se trouver le délégué et, dit-on, le général Berton. A l'endroit convenu, le général ne parut pas, mais le délégué y était au milieu de quelques militaires en habits bourgeois.

D'après les papiers officiels, l'acte d'accusation et le réquisitoire du procureur de Marchangy, dont on a tiré presque tous les renseignements précédents sur les entrevues, le délégué de la haute vente de Paris interrogea Goubin sur le nombre des carbonari du 45ᵉ et il lui dit qu'il était temps de s'entendre avec les bourgeois de la ville, vu que l'exécution était toute prochaine, que Poitiers, Niort et autres villes environnantes devaient fondre sur La Rochelle ; puis il donna à Goubin des indications précises sur le plan d'attaque consistant, d'abord, à former deux pelotons dont l'un se porterait rapidement chez le colonel et l'autre chez le général pour intercepter toutes communications ; enfin il termina en donnant l'ordre à ceux qui étaient avec lui, et à qui il fit reconnaître le sergent, d'aller l'informer le lendemain, au café du port, de ce qu'il y aurait de nouveau. Effectivement, Goubin, fidèle au rendez-vous, apprit que le général Berton était à quelques lieues de la ville.

Bien que Goubin et Pommier tinssent les choses le plus possible secrètes, elles ne laissaient pas que de transpirer parmi les membres de la vente militaire et même parmi les non affiliés. Goubin crut cependant bon d'informer de certaines particularités ceux qui lui étaient le plus fidèles, car tous ne le demeurèrent pas. Parmi ces derniers, on comptait le sergent Hue, qui gardait pourtant tout secret parce qu'il avait peur d'être mis à mort, ainsi que Bories l'en avait menacé ; toutefois, Goubin le recherchait afin de le repêcher. Aussi, le rencontrant en ce temps-là, il lui confia la nouvelle que Berton, sous quinze jours, commanderait La Rochelle.

Pommier, se joignant à son camarade, lui dit

que tout allait bien, qu'il avait tort de n'être pas
des leurs, qu'il aurait de l'avancement ; qu'il y
avait plus de 400 bourgeois dans le complot.
A quoi Hue se serait contenté de répondre qu'il
avait fait serment au roi, qu'il ne le trahirait pas
et qu'eux feraient bien mieux de se tenir tran-
quille, comme lui.

Une réunion fut décidée par Goubin et Pommier, qui convoquèrent les conjurés pour le 10
mars, à l'auberge du *Lion d'Or*, à Lafond. Ceux-
ci ne vinrent pas en nombre, car, autour de Goubin, il n'y eut que Raoulx, Assenès, Goupillon,
Bicheron, Castille, Dariotseq, Lefèvre et Demait.
Pommier ne parut pas, quoiqu'il fût le promoteur
de la réunion et que lui-même eût convoqué Goupillon. Celui-ci, surpris de cette absence, s'en-
quit auprès de Goubin de ce qui l'avait motivé :
« On saura ça plus tard. »

Plus tard, en effet, on sut qu'en ce moment ces
deux chefs étaient en mésintelligence. Pommier
écrira, « plus tard », que son camarade Goubin,
depuis le départ de Bories, « faisait des démarches
dont j'ai toujours ignoré le résultat... » C'est là
un faux fuyant inadmissible et malveillant à l'é-
gard de son complice, car, par ses communications perpétuelles et intimes avec Goubin, il en
savait tout autant qu'il en fallait apprendre aux
affidés.

Goubin détailla alors aux hommes réunis au
Lion d'Or tout ce qui se passait. Il annonça, d'a-
bord, que le général Berton était attendu tous les

jours à La Rochelle, mais il ajouta qu'il n'avait pas d'ordres encore. Puis il expliqua comment le mouvement aurait lieu : les bourgeois devaient s'emparer des logements des officiers, afin d'empêcher ceux-ci d'arriver au quartier ; on prendrait la cocarde et on arborerait le drapeau tricolore, puis les carbonari s'empareraient de la conduite des hommes du régiment.

Alors, chacun eut la parole par rang d'ancienneté dans la société. Quand vint son tour, Goupillon demanda quelles étaient les personnes appelées à les commander le jour de « *l'arboration du drapeau tricolore.* » Il lui fut répondu qu'il ne devait pas chercher à les connaître, qu'il ne lui était pas permis de sonder ce mystère.

On agita ensuite la question de savoir ce qu'on ferait des officiers après leur arrestation ; Goupillon, probablement sous l'effet du vin, seul, proposa d'égorger le colonel et les deux chefs de bataillon, puis de mettre le feu aux casernes. Cette proposition fut rejetée à l'unanimité avec indignation, et l'on s'en tint finalement à l'incarcération, à la Tour de la Lanterne : on aviserait plus tard. Puis on rentra tranquillement au quartier.

CHAPITRE XIV

—

Contretemps

—

Deux jours après, il y eut une seconde réunion, dans la ville, cette fois, chez Yvert, à l'enseigne du *Soleil d'Or*, café situé en face du « Jardin des Plantes » (1). Les membres présents étaient fort peu nombreux. On n'eut pas le temps de s'occuper des affaires de la société, c'est-à-dire de la conspiration. Un officier, le lieutenant Dumesnil, vint successivement chercher Raoulx, Goubin et Pommier pour les conduire auprès du colonel. Celui-ci avait reçu une lettre du général, lui prescrivant une enquête au sujet de ce qui s'était passé à Niort, lors du séjour qu'y fit le 9 et 10 février précédent le 45ᵉ se rendant à La Rochelle.

Pommier et Raoulx donnèrent des explications qui parurent suffisantes, tandis que Goubin s'embrouilla et ses paroles semblèrent manquer de franchise ; ce qui fit une très défavorable impres-

(1) Au numéro 29 de la rue Albert-Iᵉʳ, au fond de la cour.

sion. Néanmoins, le colonel ne crut pas devoir appliquer une sanction.

Soit que cette inquisition l'eût inquiété assez pour lui faire désirer de s'entendre sans retard au sujet de sa position avec les émissaires de Paris, soit qu'il eût pris d'avance l'engagement d'aller prendre des ordres chaque jour, en un lieu convenu dans la ville, Goubin se rendit, le 14 mars au soir, chez le marchand de tabac de la rue du Nord, où il vit le député de la haute vente et un monsieur qu'on appelait « général ». Rien ne transpira de leur conversation.

Toutes ces allées et venues, dont on ne connaissait pas le motif, mais du moins équivoques en un moment où déjà des indices mauvais apparaissaient, devaient fatalement rendre Goubin suspect à ses chefs, d'autant plus qu'il était avéré que ses explications, sur sa conduite à Niort, étaient insuffisantes et même dénuées d'exactitude. Le colonel de Toustain, conformément aux instructions reçues, ordonna, le 15 mars, sa mise à la salle de police, puis son transfert à la prison militaire de la Tour de la Lanterne.

Pommier prit sur le champ la place de Goubin. Il ne perdit pas une minute et se hâta de prévenir le commissaire de la haute vente de ce malencontreux incident survenant au moment précis où la conspiration était sur le point d'éclater.

C'est au 16 mars que l'on doit placer la première entrevue de Pommier avec ce personnage. « C'est là, confessera Pommier dans son Mé-

» moire écrit le 25 mars, que j'ai commencé à
» avoir des relations avec un bourgeois qui se di-
» sait commissaire de la haute vente de Paris...»
Il donne de cet homme un signalement (1) qui ne
correspond pas avec celui du lieutenant Delon,
que des écrivains placent encore auprès du général Berton à La Rochelle. Delon avait été condamné à mort par le Conseil de guerre de Tours
qui siégeait précisément pendant l'équipée de
Thouars, pour sa participation à la première révolte de Saumur.

Après la déroute de la bande de Berton, Delon,
qui, du reste, n'était plus d'accord avec lui, ne
dut pas rester en sa compagnie. En fuite, traqués
tous les deux, le lieutenant abandonna le général
pour s'embarquer avec ses compagnons, Pombas
et Moreau, sur un navire espagnol en partance
dans le port de La Rochelle (2). Le signalement
donné par Pommier se rapporte plutôt à celui de
Flottard.

(1) « ...Taille cinq pieds six pouces, marchant courbé,
c'est-à-dire le col enfoncé dans les épaules, barbe
rousse, cheveux châtains, nez gros, bouche grande,
visage ovale, le teint blême, quelques tâches de rous-
seur à la figure. »

(2) D'après Lefèvre, qui est peut-être véridique sur
ce fait qu'il répète par ailleurs, c'est la veille, 15, que
le lieutenant Delon et une autre personne compromise
dans l'affaire Berton arrivèrent à La Rochelle. Une
barque qui les attendait les conduisit dans la nuit à
un navire espagnol.

« Ce commissaire, continue Pommier, se disait
» intime ami avec le fils du général de Nagle
» (maréchal de camp commandant la subdivision
» de La Rochelle), il m'a dit qu'il ne faudrait pas
» faire du mal à ce général, qu'il serait dans
» quelque temps porté pour nous (1). J'ai été
» trouver cet homme dans une campagne située
» à environ une lieue de La Rochelle en passant
» par la porte Dauphine, à gauche. Je ne suis
» point entré dans la maison ; un bourgeois de
» La Rochelle, dont j'ignore le nom, m'y a ac-
» compagné en se tenant à une trentaine de pas
» de moi (2). C'est lui qui m'a conduit, et qui a été
» le prévenir que j'attendais. Il est arrivé au bout
» d'un quart d'heure ; il m'a demandé si j'étais
» sûr de tout mon monde, qu'il fallait être décidé
» et qu'il fallait mourir sur la place du quartier
» de La Rochelle ou vaincre. »

(1) Il est évident que Pommier, par cette déclaration, cherchait à compromettre le général qui était
loin de telles intentions. Quand à celui qu'il appelle
le fils du général, le comte Despinois écrivait au ministre de la Guerre : « C'est probablement son gendre et
son aide de camp (le capitaine Barbu). Mais l'espèce de
ménagement que les conjurés auraient eu pour lui me
semble un faible indice dans une matière si grave. »

(2) ...pas assez loin, précise Pommier, pour que je
ne puisse me rappeler de sa figure : un homme de
50 ans, petit, I vite brune, chapeau rond, pantalon
collant, les joues enfoncées, front découvert... » Il
semble bien qu'il s'agit du coutelier Bonnet.

Déjà, ce même homme avait, au même lieu, fait entendre le même langage à Goubin.

Pommier dit encore : « que l'affaire devait
» commencer dans la nuit ; qu'il entrerait le di-
» manche dans la ville et que je pourrai le voir,
» le soir, au café sur le port. Je m'y suis rendu,
» le soir : Je l'ai trouvé avec le bourgeois qui m'a-
» vait conduit chez lui. J'ai bu un verre de vin
» avec lui et il m'a dit que dans 4 à 5 jours, l'af-
» faire serait commencée ; qu'au moment où l'on
» ferait battre la générale, nous, carbonari, nous
» nous emparerions des rues qui aboutissent au
» quartier et que nous empêcherions les officiers
» d'y entrer ; de là, arriverait le général, avec la
» garde nationale ; qu'il ferait battre aux champs
» et que l'affaire serait terminée. »

Pour inspirer une plus grande confiance et exciter son amour-propre, on avait montré à Pommier, comme on l'avait probablement fait à Goubin, sa nomination au grade de capitaine, dont le brevet, lui disait-on, était signé par le ministre de la Guerre du futur gouvernement.

Pommier avait hâte d'informer ses amis de ce qui s'était passé dans cette entrevue, il s'empressa donc de convier Raoulx et Goupillon à un souper au cabaret de la *Boule d'Or*, pour le jour même, le 16 mars. C'était par conséquent le lendemain de l'incarcération de Goubin à la Tour ; or, se rappelant que Bories avait trouvé dans la concierge et dans le gendarme Bolzingre des geôliers complaisants et faciles à corrompre, il en profita à son tour. Prévenu, Goubin, déguisé en bourgeois, prit part au souper, pendant lequel Pommier détailla le plan qui lui avait été indiqué par le commissaire de la vente suprême : l'*affaire* devait éclater sous quatre jours, le général Berton étant tout proche de La Rochelle ; il entrerait en ville *six heures* avant l'attaque, et ce soir-là, on donnerait aux chefs de l'argent et des paquets de cartouches pour en faire la distribution aux hommes sur lesquels on pourrait compter.

Pendant ce souper, Pommier et Raoulx firent une absence, laissant Goubin et Goupillon seuls à table. Ils allèrent au rendez-vous qui avait été assigné le matin pour le soir même au café sur le port. Raoulx resta dans la salle, tandis que Pommier montait seul au premier étage parler à des personnes qui l'attendaient ; c'était le commissaire du comité directeur de Paris et le guide Bonnet. La conversation du matin, sur le grand chemin, reprit et fut confirmée en tous points.

Au bout d'une heure, les deux sergents rentrèrent à la *Boule d'Or* ; ils ne dirent point où ils avaient été mais mirent Goubin et Goupillon au fait de la conversation au café du Port ; après quoi, Goubin se retira pour retourner à la Tour, en priant ses amis de lui apporter un poignard, puis il ajouta qu'il se mettrait à la tête des autres prisonniers. On ne comptait pas seulement sur les quelques prisonniers militaires de la Tour de la Lanterne, mais aussi sur les disciplinaires de

Belle-Croix (1) qui avaient été prévenus et attendaient l'heure de leur délivrance, plus que celle
de la Liberté, pour laquelle on conspirait. Les
gendarmes qui les gardaient devaient être mas-
sacrés et la caisse du pénitencier pillée.

Si la journée du 16 avait été bien remplie, celle
du dimanche 17 ne lui céda en rien. Dès le
matin, après la parade, Goupillon alla dans la
chambre de Pommier, où se trouvait Raoulx. Le
jour et l'heure de l'action n'étaient pas encore
exactement fixés, mais les événements se préci-
pitaient, le signal pouvait être donné d'un moment à l'autre ; il fallait donc que chacun fût
prêt. C'est sans doute pour cela que Goubin avait
demandé d'urgence un poignard et chargé
Raoulx de le lui apporter à la Tour, dont l'entrée
leur était toujours ouverte par le brave Bolzingre.
Pommier dit à Goupillon qu'il allait lui donner
aussi un poignard pour lui-même.

Alors, fermant la porte à clef, il monta sur le
chambranle de la cheminée, passa la main sur
une poutre et tira d'un renfoncement un paquet
couvert de toile cirée qui renfermait onze à douze
poignards dont deux seulement étaient emmanchés. Raoulx choisit dans le nombre une lame
qu'il donna à Goupillon ; pendant ce temps Pom-

____

(1) Ces disciplinaires, logés au château Milon, près
de Dompierre, étaient employés au creusement du
canal de Marans. Avant eux on y avait employé des
prisonniers de guerre.

mier chercha en vain dans sa malle un manche dont il avait aussi un certain nombre ; ne les trouvant pas il dit à Goupillon qu'il lui en donnerait un peu plus tard, puis il refit le paquet de lames et le cacha dans sa paillasse. Raoulx et Goupillon se rendirent alors au café Demeulle, où ils firent une partie de billard. Pommier survint et leur annonça, vers deux heures, qu'il allait à une lieue et demie de La Rochelle (1), afin de se concerter avec le commissaire de Paris ; il leur donna rendez-vous pour dîner tous les trois au *Soleil d'Or*, chez Yvert, et partit.

Raoulx et Goupillon se rendirent à la Tour pour remettre à Goubin le poignard qu'il avait demandé la veille. Goubin répéta qu'il se chargerait des prisonniers et qu'il se mettrait à leur tête.

Pommier, à son retour, ne jugea pas à propos de rendre compte de ce qui se passa, ce jour-là, entre les émissaires et lui; mais ce qui est certain, c'est qu'il fut décidé et arrêté qu'on ferait le mouvement la nuit suivante ; il est très probable même que les conjurés se déterminèrent à hâter l'instant, pressés qu'ils étaient par les circonstances ; chaque jour en effet, le complot subissait des accrocs et se démontait. La défection d'un certain

(1) Cependant Pommier, parti du port à 2 heures, était de retour en ville à 4 heures et demie. L'entrevue dut être fort précipitée, à moins que la distance ait été en réalité moins grande.

nombre de complices à Orléans, celle du capitaine Massias, l'arrestation de Bories, celle de Goubin, peut-être la crainte que ce dernier ne parlât trop : toutes ces considérations durent les porter à croire qu'il n'y avait qu'à prendre subitement parti et à ne plus laisser passer un seul jour pour l'exécution, quoique, dans les derniers temps, ils parussent avoir au contraire résolu d'attendre encore quelques jours. Ce qu'il y a de certain, c'est que, quand Pommier rentra au *Soleil d'Or* où il commanda un dîner pour lui, Raoulx, Assenès et Goupillon, il leur dit que l'affaire ne serait pas reculée plus loin que la nuit prochaine à quatre heures ; que, le soir, il irait prendre les derniers ordres des commissaires, savoir ce que l'on ferait des officiers et chercher de l'or.

On parla beaucoup à ce dîner et l'on se prépara, on s'échauffa pour l'action. Goupillon ne paraissait pas aussi gai qu'à son ordinaire, mais au contraire soucieux. Pommier, Raoulx et Assenès lui en firent la remarque et le gourmandèrent. « J'en » ai bien le sujet, leur répondit-il, parce qu'avant » de commencer une pareille affaire, il faut réflé- » chir. »

La fille de l'hôtelier, Mlle Henriette Yvert, étant entrée subitement, la conversation en resta là, car l'heure de l'appel du soir était arrivée et on dut rentrer à la caserne. Mais il fallait prendre ses précautions ; Assenès alla trouver le tambour Fremand, qui était alors à boire à la cantine. Il le fit sortir et lui dit : « Ne buvez pas, parce que vous battrez la générale cette nuit. » Le tambour ayant demandé à haute voix : « Pourquoi battre la gé» nérale ? » Assenès lui répondit : « Ne parlez pas » si fort ; c'est pour cette nuit le grand coup ». Ceci prouve que, parmi les soldats, il y avait des hommes au courant de la conspiration.

En sortant de la chambre de l'adjudant auquel ils avaient remis la situation de leur compagnie respective et les billets d'appel, Pommier dit à Goupillon de retourner l'attendre au *Soleil d'Or*, qu'il allait se déguiser pour se rendre auprès du commissaire, prendre les derniers ordres et qu'il rapporterait de l'or.

Raoulx, Assenès et Goupillon voyaient le temps s'écouler et Pommier ne reparaissait toujours pas. Au bout d'un certain temps Raoulx, n'y tenant plus, sortit du *Soleil d'Or*, en disant à ses compagnons, aussi inquiets que lui, qu'il allait savoir ce qui se passait ; il ne rentra qu'au bout d'une demi-heure en annonçant que Pommier était arrêté.

Comme il l'avait dit en effet à Goupillon, après l'appel, Pommier s'était déguisé en paysan (1), un gros bâton à la main et feignant de boiter, pour se rendre chez le marchand de tabac de la rue du Nord ; mais, l'adjudant Marteau, sous-officier de

(1) La femme qui gardait ce soir-là la cantine des époux Colignon le vit dans cet accoutrement : « Est-ce pour aller voir une femme ? lui dit-elle en plaisantant. — J'ai quelque chose de plus sérieux qui m'occupe », répondit-il.

service, crut reconnaître un déguisement et appela le faux paysan boiteux qui se mit à courir et ne boitait plus. Marteau cria à la sentinelle d'arrêter le fuyard ; à ce moment un autre adjudant entendant le cri arrêta l'homme qui le croisait, le saisit et le conduisit auprès de Marteau qui reconnut Pommier et le consigna à la salle de police (1).

Raoulx et Goupillon craignaient que l'adjudant se fût emparé du poignard et des cartes de reconnaissance que Pommier portait toujours sur lui. Raoulx fit alors tous ses efforts pour correspondre avec le prisonnier, tâcher de l'approcher et savoir de lui des renseignements précis sur ce qu'il avait fait et surtout sur ce qu'il y avait à faire, pendant que Goupillon, de plus en plus inquiet, l'attendait au *Soleil d'Or*, où son inquiétude ne tarda pas à s'accroître singulièrement.

En effet, derrière lui entrèrent, dans la chambre réservée du cabaret, les sous-officiers Choulet, Boiselet et Poujade qui sortaient de la caserne. Ceux-ci racontèrent en détail ce qui s'était passé

(1) Selon les déclarations faites à l'instruction, le soldat Bicheron, qui semble avoir joué dans toute cette affaire, de même qu'Assenès, un rôle aussi actif que les quatre principaux accusés, était aux aguets au moment où Pommier tentait de sortir. Et il se disposait à se jeter sur l'adjudant Marteau, qu'il voyait avec inquiétude en observation, quand survint un autre adjudant. De haute taille (signalement : 1 m. 84), il semble avoir été l'homme toujours prêt pour les coups de main dangereux.

et ajoutèrent que Pommier allait à son tour re-
joindre Bories et Goubin. De moins en moins ras-
suré, Goupillon, entrant dans la cuisine, y trouva
son ami, le sergent-major Choulet, secrétaire du
colonel. Il l'emmena avec lui dans le jardin et là,
sentant le besoin de se confier à quelqu'un dans
une aussi redoutable conjoncture, avoua à cet
homme tout ce qui se tramait. « Je suis perdu, lui
dit-il, je vais porter la tête sur l'échafaud et faire
le déshonneur de ma famille. — A ta place, je
dirais tout au colonel », conseilla Choulet, qui
promit d'ailleurs de ne rien dire (1).

Le temps étant beau et très clair, Goupillon
alla ensuite sur la place d'Armes, où il rencontra Raoulx et Assenès qui lui dirent que Pommier, avant d'entrer à la salle de police, avait demandé à l'adjudant Marteau l'autorisation d'aller dans sa chambre pour reprendre ses effets militaires et qu'il en avait profité pour cacher son
poignard, avec les cartes de reconnaissance.

(1) Cependant Goupillon, aux assises, reprocha à
Choulet d'avoir tout répété au colonel. Et les autres
conjurés prétendaient que Choulet, dont ils se défiaient,
était capable de tout pour se faire valoir et obtenir de
l'avancement. Peut-être ce sous-officier n'a-t-il parlé
qu'à demi-mots à son chef pour l'engager à recevoir
Goupillon s'il venait à demander audience. En tous
cas on remarquera ce mot du colonel de Toustain dans
sa déposition : « Je dis à Goupillon d'aller trouver le
sergent-major Choulet, avec lequel, *je le savais*, il
s'était déjà ouvert sur l'intention qu'il avait de tout
révéler. »

Ces trois conjurés se hâtèrent de rentrer au quartier sur la motion de l'un d'eux, à savoir qu'il serait bon de réunir ce que l'on pourrait de membres de la vente militaire pour tenir une sorte de conseil et prendre une résolution d'urgence après les avoir mis au courant de ce qui se passait. On pensait qu'il importait de faire accorder à Pommier quelques instants de liberté qui en userait pour « ce qu'il savait ». On alla solliciter le sergent de garde de laisser sortir Pommier, qui, lui disait-on, avait un rendez-vous avec sa maîtresse. Le sergent refusa et persista dans son refus malgré les vives instances des sous-officiers amis de Pommier ; ce qu'ayant appris Pommier, une grande inquiétude s'empara de lui ; il craignait l'imminence du danger que pouvait courir, chez le marchand de tabac de la rue du Nord, le commissaire de la haute vente et le général qui devaient être entrés en ville, comme ils l'avaient promis, et attendaient là, depuis quelques heures, qu'on vînt prendre les ordres, les munitions et l'argent A la réflexion, tout n'était cependant pas perdu, un autre conjuré pouvait se rendre rue du Nord, à la place de Pommier. Raoulx se chargea de ce soin, partit sans désemparer trouver ces mystérieux personnages et leur apprit l'arrestation de Pommier, mais fut éconduit par eux, parce qu'il n'avait pas les cartes de reconnaissance indispensables, ce qui leur fit craindre que ce ne fût un piège : « ils ne connais » saient pas Pommier, ils ne pouvaient en rien

» lui porter intérêt et ne savaient, en définitive,
» ce qu'on voulait leur dire. »

Raoulx s'en revint déconfit et alla trouver Goupillon qui l'attendait chez Yvert, l'informa de son insuccès et tous deux s'en furent en instruire Pommier, qui prévit que « l'exécution » serait momentanément retardée.

Goupillon, fort agité, déclara à Pommier qu'il allait le faire sortir de la salle de police et qu'il le conjurait d'aller trouver les chefs pour faire opérer le mouvement vers minuit. Pommier le lui promit : Goupillon vint retrouver Raoulx qui circulait toujours en compagnie d'Assenès et les engagea à se rendre au corps de garde où, tandis que l'un causerait avec le caporal, l'autre tâcherait de s'emparer de la clef de la salle de police, pendant que lui, Goupillon, entraînerait le sergent de garde à la cantine. Il fut fait comme il était dit avec la complicité de plusieurs autres hommes, notamment Bicheron. Celui-ci s'empara prestement de la clef et s'en fut avec Assenès ouvrir la porte à Pommier qui, recouvrant, ainsi qu'il avait été convenu, sa liberté pour quelques heures, se hâta d'aller au rendez-vous des chefs, puis revint réintégrer la chambre de discipline.

Pommier fut-il assez heureux pour retrouver le député de la haute vente de Paris et le général ? Les éléments manquent pour l'affirmer. Cependant, on pourrait le croire d'après une parole de Pommier à Goupillon, rôdant le lendemain près de la salle de police : « Avant trois jours l'affaire sera faite », voulant assurément insinuer, par là, qu'il s'était la veille au soir entendu avec les chefs. Au milieu de ses déclarations contradictoires au cours du procès, et sur certaines desquelles il faut faire des réserves, il a prétendu, en veine de jactance, qu'il avait soupé avec le général Berton et cinq autres individus (1).

Quoi qu'il en soit, que Pommier ait vu ou non les deux personnages, ou que ceux-ci, en apprenant de la bouche de Raoulx le malencontreux incident, se soient prudemment mis en sûreté, il y a un fait certain, c'est que la conduite de l'affaire était double, en ce sens que, pendant que Pommier agissait librement, Goubin, toujours en liaison avec les conjurés, n'avait pas abdiqué sa direction et que, de sa prison de la Tour, non seulement il communiquait avec le député de Paris, mais même avec le général ; Bicheron était son fidèle vaguemestre et son interprète.

Le 17 mars, Goubin remit à Bicheron une lettre pour la porter chez Cornu, le marchand de tabac. Le lendemain, Bicheron revint rapporter la réponse, mais Goubin ne lui dit rien. La réponse à la lettre devait être favorable, car, le 19 au soir, Goubin sortit seul de sa prison, et, sans son gardien, se rendit chez le marchand de tabac où l'attendaient les chefs de la révolte.

(1) Il ajoutait qu'il avait vu quelques jours avant le général Berton déguisé en charbonnier et conduisant lui-même des mulets.

On ne peut que présumer ce qui se passa dans cette conférence. Il s'agissait de renouer les trames et de fixer un autre jour. De nouvelles dispositions ayant été prises, Goubin réintégra sa prison. Mais lorsqu'il voulut informer les conjurés, il était trop tard..., le fidèle Bicheron ne vint pas au rendez-vous, empêché par un évènement inattendu.

CHAPITRE XV

L'Effondrement

La journée du 18 mars fut on ne peut plus pénible aux membres de la vente militaire du 45ᵉ de ligne, qui se trouvaient dans le plus grand embarras par suite de l'incarcération de Goubin, d'abord, et par la mise de Pommier dans la chambre de discipline. Raoulx, sur qui ne planait aucun soupçon grave depuis l'explication fournie par lui au colonel, restait le seul libre des quatre chefs du mouvement. Malgré son dévouement à la cause, il n'était pas l'homme apte à remplacer ses trois camarades, il n'avait pas assez d'audace, d'initiative et de cette confiance en soi qui fait dominer les plus mauvaises situations. Mais, c'était un cœur généreux, plein d'honneur et, sur ce point, d'une fermeté inflexible. Tous ses camarades avaient confiance en sa loyauté, sauf le fusilier Lefèvre, mais ne l'estimaient pas capable de conduire l'affaire. Bories l'avait jugé et apprécié homme dévoué et intègre, sans plus ; voilà pourquoi il ne lui a jamais assigné un rôle actif, comme à Goubin et à Pommier ; il ne fit de lui que « le trésorier » de la prétendue « association philanthropique ».

Le rôle de Raoulx, dans les journées du 18 et du 19 mars, fut nul ; il demeura dans l'expectative anxieuse de ce que Goubin, plein d'activité astucieuse, pourrait faire hors de sa prison à porte ouverte.

L'anxiété s'était emparée de tous les carbonari et de ceux, peu nombreux, qui étaient plus ou moins initiés à leur complot.

De tous ceux qui sentaient l'angoisse les oppresser, nul plus que le sergent Goupillon n'avait l'esprit à la torture et le cœur plus malade. « De- » puis que j'avais eu le malheur de me faire affi- » lier dans cette secte de carbonari et qui l'étais » (*sic*) encore davantage en sachant que le mo- » ment d'agir s'approchait », confessera-t-il. Une autre chose le dominait : la peur, qui retenait son secret sur les lèvres. En effet, il avait sans cesse présentes à l'esprit les paroles de Goubin, lors de son initiation, qui lui dit, en le faisant jurer sur un poignard, que, s'il révélait les secrets à lui confiés, il serait la première victime. Il n'était pas, du reste, le seul à subir cette terreur de la vengeance ; d'autres carbonari du régiment s'efforçaient de s'éloigner du complot, mais ils restaient muets, leur discrétion raisonnée péchait par la base et leur devait être néfaste.

Goupillon, depuis quarante-huit heures surtout, en proie à des remords, promenait autour de ses amis des velléités de révélation dans un langage énigmatique et décousu. C'est ainsi qu'il parla le dimanche, tout d'abord, à son ami et confident, le sergent Choulet, comme nous l'avons vu, dans la cour du *Soleil d'Or*. Le lendemain matin, il alla rôder autour de la salle de police, et Pommier et lui se parlèrent par les barreaux. Mais l'assurance du prisonnier ne le tranquillisa pas (1).

Rencontrant peu après le lieutenant Lambert, il lui glissa d'un air effaré « qu'il se passait » des choses extraordinaires, qu'il se préparait un » événement qui le faisait frémir d'horreur ». Il dit des choses analogues au lieutenant Leloup (2). Tous l'engagèrent à parler au colonel ; Choulet, en particulier, le pressa vivement de s'y décider, surtout l'après-midi pendant leur promenade quasi-coutumière aux Salines, près de la porte Royale.

(1) « Avant trois jours l'affaire sera faite », assura Pommier. Celui-ci, dans une confrontation à la Cour d'assises avec Goupillon, lui fit ces reproches : « C'est vous qui, lorsque j'étais à la salle de police, vintes me prendre les mains à travers les barreaux, en me disant : *il faut attaquer cette nuit ou nous sommes perdus...* C'est vous qui m'avez parlé des pièces d'artillerie qu'on pouvait prendre à l'Arsenal... C'est vous qui m'avez offert de proposer des espingoles... »
Comme on le voit ce pauvre Goupillon était toujours porté aux extrêmes.

(2) Quelques jours avant il avait déjà parlé d'une façon aussi singulière à l'adjudant Marteau. C'est peut-être ce qui rendit celui-ci méfiant, ainsi qu'on l'a vu pour l'arrestation de Pommier.

La conscience tiraillée entre le devoir que lui imposait le remords et la crainte que lui inspirait le poignard vengeur, Goupillon, oppressé, larmoyant, ne se décidait pourtant pas, malgré les bonnes paroles et les exhortations de son bon ami et confident. Cet homme si versatile qui, dans la même journée, dans le même moment, disait à mots couverts ses remords à Choulet, dans la cour du *Soleil d'Or*, courait aussitôt s'employer à faire sortir Pommier de la salle de police, pour lui permettre d'aller voir le délégué « afin d'activer l'affaire ».

Ce même jour, 18 mars, le colonel de Toustain, après avoir pris connaissance du rapport, fit comparaître le sergent Pommier et lui ordonna d'expliquer sa conduite de la veille, pourquoi il avait tenté de sortir de la caserne après l'appel, déguisé en paysan, enfin de dire ce que signifiaient ces paroles prononcées devant l'adjudant Marteau : « Si le colonel savait pourquoi je suis sorti, loin » de m'en faire une leçon, il m'en saurait gré. »

Si, au moment de son arrestation, Pommier avait avec ses camarades prétexté un rendez-vous galant, il abandonna ce motif futile pour un plus grave destiné à frapper fortement l'attention du colonel, afin d'en tirer un parti profitable à ses vues. Il dit donc au marquis de Toustain « qu'un bourgeois était venu lui faire certaines propositions, qu'il lui avait paru suspect, et qu'il avait l'intention, après avoir vu cet homme, de faire connaître à son chef le résultat de l'entrevue. »

Le colonel, fort intrigué, promit au sergent de le faire sortir de la salle de police pour lui permettre d'aller audit rendez-vous.

C'était tout ce que voulait l'astucieux Pommier, qui, de cette façon, pourrait voir encore le délégué et le général afin de fixer avec eux les dernières mesures pour l'exécution du « grand coup » dans la nuit du 19 au 20 mars, c'est-à-dire à moins de quarante-huit heures de là. Il ne devait pas non plus oublier l'or qui lui était promis pour ses complices et leurs hommes.

Ces hommes, qui se dévouaient à la conquête d'une liberté idéale sous un gouvernement républicain, ne s'apercevaient point que ceux qui les menaient avaient fixé de préférence la date fatidique du 20 mars, jour anniversaire du retour de Napoléon à Paris en 1815. Ces gens tentaient de faire refleurir la violette impériale à la place de la royale fleur de lys.

Pommier fit-il confidence à quelque complice de ses explications données au colonel, ou bien le sergent-major secrétaire Choulet en eut-il connaissance à l'état-major ? Toujours est-il que Goupillon en fut informé. Cette nouvelle le frappa vivement et son imagination surexcitée lui fit voir aussitôt Pommier dévoilant au colonel les secrets de la conspiration et, par la priorité de son acte, bénéficiant de la grâce accordée par la loi au révélateur.

Cette grâce était un des points sur lesquels son attention s'était portée déjà et son ami Choulet la lui avait assurée, non sans raison, pour l'inciter à tout révéler au colonel.

La nuit lui porta-t-elle conseil ? Conseil bien superflu d'ailleurs. Dès l'aube du mardi, sa résolution était prise, il alla trouver le sergent Choulet qui l'introduisit auprès du colonel, auprès duquel se trouvait le commandant de Courson.

Le sergent-major Goupillon n'a plus rien du militaire que l'uniforme ; les tortures morales de ces dernières heures l'ont rendu méconnaissable, il est pâle, défait, les larmes débordent de ses yeux ; il ne parle pas, il balbutie des choses qui n'ont aucun rapport avec ce qu'il veut dire ; on comprend cependant qu'il s'excuse d'avoir participé à l'évasion de Pommier ; la voix s'arrête dans sa gorge, il éclate en sanglots.

Le colonel lui dit alors d'un ton de bienveillante commisération :

« Je suis certain que vous avez quelque chose d'important à avouer. On peut commettre des fautes, se rendre criminel, mais, on ne cesse pas d'être estimable quand on avoue ses torts. »

« Alors, déclare le colonel, Goupillon, au milieu d'un torrent de larmes, avec l'accent du plus vif repentir, révéla qu'il existait un complot ; on devait arborer le drapeau tricolore, mettre le feu aux casernes, faire insurger le régiment.

» Je lui demandai les noms de ses complices, il me donna une liste.

» Troublé, agité par le remords, il me dit qu'il était certain d'être victime de son dévouement, qu'on lui avait fait prêter serment sur un poignard de ne pas révéler ces noms. Je lui dis de se calmer, qu'il venait de faire l'acte d'un homme honnête : Vous avez été coupable, mais vous avez rendu un grand service au gouvernement. »

Goupillon remit au marquis de Toustain la déclaration suivante, qu'il avait écrite avant de se présenter :

D'après tous les serments que l'on me fit prêter sur un poignard, ma conscience m'engage cependant à révéler ce qui se trame contre la dynastie royale. Dimanche dernier, Pommier, sergent major, membre de la commission des Carbonari, vint, immédiatement après la parade, nous prévenir de nous tenir prêts, parce qu'il devait arriver le député et le commissaire avec lesquels il allait se concerter pour que, le lendemain sur les quatre heures du matin, les Carbonari pussent s'assurer des hommes dont ils sont bien sûrs dans leurs compagnies respectives, afin d'arborer la cocarde tricolore et le drapeau, et de s'emparer du colonel et des deux chefs de bataillon, ce que j'affirme,

Signé : GOUPILLON.

— Il faut me faire un rapport plus détaillé, lui dit le colonel.

A ce moment, Goupillon, qui était affalé sur une chaise, se leva et tira de sa botte une lame de poignard ; à cette vue le marquis de Toustain s'écria :

« Comment ! un militaire quitter les armes de l'honneur pour se servir de celles des scélérats ?

— C'était, répondit Goupillon, pour nous suicider si nous étions découverts.

— Eh bien ! répliqua le colonel, ils seront tous arrêtés et vous verrez s'ils se tueront !

« Il me nomma, continue le colonel, tous ceux qui avaient des poignards, il annonça qu'on devait en trouver dans la paillasse de Pommier et des manches dans d'autres paillasses. Je lui dis d'aller trouver le sergent-major Choulet, avec lequel, je le savais il s'était déjà ouvert sur l'intention qu'il avait de me tout révéler et il fit une déclaration (plus détaillée) que j'ai envoyée au procureur du roi de La Rochelle. »

Goupillon demanda au colonel de le protéger, de ne pas le faire arrêter ni de le mêler à ses complices.

« J'étais si pénétré que je l'ai embrassé et lui ai dit que je ferai tout ce qui était en mon pouvoir pour qu'il ne fût pas arrêté », avoue le marquis de Toustain.

Cette triste scène terminée, le colonel du 45ᵉ régiment prit avec ses chefs de bataillon toutes les dispositions urgentes que commandait l'affaire.

Son premier soin fut de chambrer le sergent Goupillon, non point tant pour le soustraire à la vengeance de ses complices que pour empêcher cet homme versatile et faible de laisser deviner sa démarche par un écart de langue et même par son attitude défaillante.

Goupillon, « sur son honneur et sa conscience », se mit à écrire en présence du lieutenant Leloup, non point la genèse du complot, mais ce à quoi il avait été mêlé depuis son affiliation, c'est-à-dire la préparation immédiate « du grand coup », puis il ajoutait :

« Dans les conférences que j'eus avec Goubin,
» il me dit que M. Massias, capitaine de la 1re
» compagnie du 2e bataillon, était carbonaro,
» mais qu'il avait bien à se plaindre parce qu'il
» paraissait vouloir se désister, que, cependant,
» l'affaire aurait son exécution sans lui. Biche-
» ron me dit un jour qu'il avait porté une lettre
» à Massias concernant l'affaire qui devait avoir
» lieu. (J'observe que jamais il ne se trouva dans
» nos réunions). Voici les noms des carbonari
» que je connais... »

Sa liste comprend vingt-deux noms, sauf le sien. Dans le 1er bataillon : les sergents-majors Bories et Castille, les sergents Assenès, Vivien, Huc et Dutron, les caporaux Gautier, Dariotseq, Demait et Thomas, avec le simple fusilier Lefèvre. Dans le 2e bataillon : les sergents-majors Pommier et Labourée, les sergents Goubin, Raoulx, Barlet, Cochet et Perreton, les caporaux Lecoq et Gindrat, enfin les fusiliers Bicheron et Bijon ; mais de ce dernier, il n'est pas certain.

Tous ces hommes ont été affiliés à Paris, sauf Dariotseq et Lefèvre qui le furent dans les derniers jours à La Rochelle en même temps que Goupillon.

En toute justice, il déclare que Labourée, sergent-major à la 4e du 2e, s'*est déserté*, et que Cochet, Perreton, Lecoq, Gindrat et Bicheron ont fait comme lui ; c'est-à-dire qu'il se sont, ainsi qu'on l'a vu, séparés de leurs camarades et ont répudié les idées de Bories, après ses déclarations lors du dîner d'Orléans.

Goupillon termine ainsi les cinq grandes pages de sa déclaration :

« Les pareils aveux que j'ai fait à Choulet, je
» les fis de même à MM. Leloup, lieutenant d'ha-
» billement, Lambert, sous-lieutenant à la 1re du
» 1er du même régiment que moi, et, quelques
» jours auparavant, j'ai donné à entendre à M.
» Marteau que je savais ce qui se passait ; et je
» déclare avec franchise que, s'il m'eût ques-
» tionné, je me serais fait un plaisir de lui ou-
» vrir mon cœur ; mais, je me réservai ce plaisir
» avant que l'affaire commençât son exécution. »

Signé : GOUPILLON, Auguste-César,
sergent-major.

Le premier devoir du colonel fut d'aller rendre compte à son chef hiérarchique, le maréchal de camp baron de Nagle, et ces deux chefs militaires s'empressèrent d'informer sans retard les autorités civiles et judiciaires. Au préfet, Pépin de Bellisle, ils dirent ce qu'ils avaient appris ; au procureur du roi, M. Jules Desplantes, ils remirent, comme pièce à conviction, la première déclaration écrite par Goupillon lui-même.

Le maréchal de camp ordonna l'arrestation des militaires désignés et les perquisitions nécessaires; le préfet fut invité à suivre les événements en sa qualité de représentant du gouvernement et le procureur du roi à assister le capitaine Brunet de la Charie, commandant la gendarmerie du département, faisant fonction d'officier de justice militaire.

Les mesures d'action furent déterminées l'après-midi au cours d'une réunion, à laquelle assistèrent, outre les deux chefs de bataillon, les adjudants-majors et d'autres officiers choisis ; car on avait, à tort ou à raison, des doutes sur la fidélité de plusieurs de ceux du 45e et des corps de troupes en garnison dans la ville. Tout étant bien réglé, on attendit l'heure fixée : le soir : 9 heures et demie, après l'appel.

La journée fut calme au quartier ; l'on constata seulement plusieurs colloques, plus ou moins mystérieux, entre les sergents désignés et l'on en entendit même demander ce qu'était devenu le sergent Goupillon qui, depuis le matin, avait absolument disparu. Mais l'attente et les préparatifs du « grand coup », qui devait infailliblement éclater dans la nuit, dominaient tous les esprits et ne permettaient pas au soupçon, à l'inquiétude, de s'infiltrer dans leurs cerveaux.

Le soir, après le contre-appel, neuf heures et

demie, lumières éteintes, alors que les hommes
étaient dans le premier sommeil, la première
compagnie de grenadiers, qui avait reçu l'ordre
de rester levée, s'arma dans le plus grand silence
et fut amenée au pied de l'escalier menant à la
chambre des adjudants et sous-officiers. L'adjudant-major Goguet, les officiers et les adjudants
qui l'accompagnaient se présentèrent brusquement dans les chambres, s'emparèrent des hommes qui furent conduits dans la dite chambre des
sous-officiers, devant l'adjudant-major Bourdillat (1). C'étaient : Assenès, Castille, Dariotseq,
Demait, Bicheron, Gauthier, Hue, Bijon (2) et
Lefèvre ; Raoulx et Pommier vinrent ensuite.

On fit déshabiller tout le monde et visiter
soigneusement les vêtements. Pendant cette visite, on procéda aux perquisitions dans les chambres : les adjudants sous-officiers fouillèrent par-
tout avec soin : dans la paillasse de Pommier on
trouva onze lames de poignards, non emmanchées, et deux manches ; dans son portemanteau,
36 cartouches à balle, un paquet de poudre. Pom-

(1) Cet officier supérieur nasillait, et les hommes lui
avaient donné le sobriquet d'*Aboul-Nazon*.

(2) Bijon fut mis en liberté avant les assises ; c'est
probablement la ressemblance de son nom avec celui
de Bicheron qui le fit arrêter. On trouva bien deux
paquets de cartouches enveloppés dans une lettre à
son adresse, mais il soutint qu'il avait perdu cette
lettre, et il ne semble pas, en effet, qu'il ait jamais été
carbonaro.

mier portait habituellement sur lui un poignard, pour lequel il avait pratiqué une sorte de fourreau dans la doublure de sa capote. Dans la chambre de Goubin on trouva un poignard emmanché, des cartes de reconnaissance découpées de façon particulière et des cartouches de poudre fine. Chez Assenès, un poignard enveloppé d'un foulard noir était enfoui dans la paillasse. Dans les lits d'autres sous-officiers furent trouvés, chez l'un sept manches de poignards en bois avec viroles en cuivre ; chez d'autres des poignards semblables aux premiers. Quant aux papiers saisis sur ces hommes ou dans leurs chambres, ils ne fournirent aucun renseignement ni sur l'association, ni sur son but et pas davantage sur le complot, mais ils renfermaient des chansons politiques et ordurières contre le roi, la famille royale et le régime.

Ainsi qu'il en avait été décidé, les hommes, encadrés par les grenadiers, baïonnette au canon, furent conduits à la prison civile de la ville et non à la Tour de la Lanterne, prison militaire qui, dans la circonstance, ne pouvait contenir un nombre si important de prisonniers et qui du reste était fort incommode.

Dans la nuit claire de mars, les citadins, qui dormaient leur premier sommeil, entendirent plus ou moins le pas lourd d'une troupe défilant par les rues Dauphine, Chaudrier ou de la Chandellerie, comme disaient encore de vieilles gens, et s'arrêter devant la prison, sous les arcades du Palais.

Cependant, vers onze heures, un homme franchissait la porte S*-Nicolas, s'avançait lentement, prudemment, jetant des regards inquisiteurs, à droite et à gauche, semblant chercher quelqu'un avec anxiété. Arrivé au carrefour des rues, il s'arrêta, attendit un instant, puis, ayant encore cherché des yeux un invisible objet et avec sa main en conque prêté l'oreille à un imperceptible bruit, l'homme fit volte-face avec un geste de désappointement, revint sur ses pas, franchit de nouveau la porte devant le sergent du poste qui le dévisagea, et sortit ; puis, tournant à droite, il prit la route de Rochefort et disparut.

C'était le général Berton...

Le sergent du poste, qui l'avait dévisagé, le reconnut trop tard, cinq jours après, en lisant son signalement sur l'affiche qui portait la mise à prix de la tête du révolté de Thouars (1).

La ville dormait... le guide Bonnet n'était pas venu ce soir-là au devant du général ; le député

(1) C'est vers cette époque que le général Berton trouva un nouvel asile (où il était peut-être déjà depuis quelques jours guettant les événements) à Puyravault, près de Surgères. (Était-ce chez l'un des deux riches acquéreurs de biens nationaux reçus chevaliers de la Liberté à la dernière foire de Niort ?). C'est là que ses amis vinrent le chercher pour la deuxième et malheureuse tentative de Saumur, au mois de juin suivant.

de la haute vente, peut-être entré le premier dans La Rochelle, se cachait et les trois ou quatre carbonari au fait de la conspiration s'étaient prudemment confinés chez eux, dès que les émissaires qui rôdaient autour des casernes leur eurent appris l'arrestation des carbonari du 45e.

Nul ne vit les quatre cents carbonari présumés de la ville, nulle part des gardes nationaux n'esquissèrent un semblant de rassemblement et aucun des milliers de paysans, dont on avait annoncé la marche sur la ville, pour soutenir la révolte, ne parut.

Tout cet appareil promis aux conspirateurs du 45e n'était qu'un leurre pour les exciter au soulèvement dont on aurait profité, s'ils avaient réussi, eux seuls.

Le *grand coup* était manqué encore une fois, comme à Belfort, comme à Toulon, comme à Strasbourg, comme à Nantes et à Saumur.

Dans La Rochelle, cette nuit-là, tout fut calme et silencieux sous la lumière blanche de la lune, qu'éclipsaient des troupeaux de nuages noirs ou argentés poussés par le vent d'équinoxe du printemps. C'était le décor du mélodrame !

DEUXIÈME PARTIE

CHAPITRE XVI

L'autorité militaire se dessaisit à regret

Pendant que, dans les casernes, les militaires du 45e, qui, en grand nombre, n'avaient pu se défendre de manifester avec calme leur satisfaction de se voir délivrés des agitateurs qui, depuis longtemps, essayaient de corrompre tout le régiment, se livraient à leurs réflexions plus qu'au sommeil, les conjurés, enfermés dans la prison civile, au secret et gardés rigoureusement par des gendarmes aidés de grenadiers du 45e, étaient, les uns après les autres, amenés au greffe, où le capitaine de gendarmerie, chevalier Brunet de la Charie, leur faisait subir un premier interrogatoire. Cette opération dura jusqu'au jour et fut continuée dans la matinée du 20 mars.

Les détenus étaient Pommier, Raoulx, Castille, Assenès, Dariotseq, Lefèvre, Bicheron, Bijon, Gindrat, Demait, Hue, Thomas-Jean et Gaultier. Goubin, sorti de la Tour de la Lanterne, ne fut amené que dans la matinée, ainsi que Lecoq et Barlet, arrêtés à l'arrivée des compagnies de voltigeurs avec lesquelles ils avaient été envoyés à la poursuite des bandes du général Berton, et venant de Parthenay. Ces hommes, enfermés dans la prison civile, recevaient leur subsistance de la caserne.

Le capitaine de gendarmerie, chargé de l'instruction, assisté du procureur du roi, ne put dans sa première enquête obtenir aucune précision. Presque tous les prévenus se renfermèrent dans un système de dénégation absolue ; quelques-uns, cependant, firent des déclarations, mais tellement vagues qu'il était difficile d'y puiser un moyen de conviction.

Ce qu'on en put tirer ne fournit, toutefois, aucune preuve qu'il y eut des relations entre les conjurés et des habitants de la ville ou du département. Un seul individu, le marchand de cuir Merens, de La Rochelle, ayant été soupçonné de n'être pas étranger au complot et depuis longtemps signalé comme dangereux agent des factieux, le préfet, en vertu de son autorité, ordonna la visite de son domicile et son arrestation (1).

(1) Par la suite furent aussi arrêtés : Dutron (le 3 avril) et Vivien (le 16 avril).

La perquisition faite chez lui et l'interrogatoire que M. Pépin de Bellisle lui fit subir, lui-même, en vertu de l'article 10 du code d'instruction criminelle, l'ayant convaincu qu'il n'y avait contre cet homme aucune preuve suffisante pour le renvoyer devant le procureur du roi, il fut remis en liberté.

Le capitaine de gendarmerie, sachant, par la révélation de Goupillon et par d'autres faibles indices, que le capitaine Massias, ainsi qu'un autre officier, étaient incriminés, ayant obtenu une conviction à l'égard du premier, demanda au maréchal de camp commandant la subdivision un ordre d'arrestation et le capitaine Massias fut écroué le lendemain matin.

La journée du 20 mars fut absolument calme, tant dans la troupe que dans la ville où l'on parlait beaucoup des événements de la nuit, sans toutefois en connaître tous les motifs; mais avec ce luxe de détails que la foule sait toujours donner sur les choses qu'elle ignore.

Les autorités, préfet, maréchal de camp, procureur du roi, colonel et capitaine de gendarmerie, employèrent tout leur temps à rédiger des rapports aux ministres de l'Intérieur, de la Guerre et de la Justice. Le plus occupé, ce fut certainement le capitaine de la Charie qui dut écrire d'abord à son chef immédiat, le colonel Bourgeois, à Niort, puis au ministre de la Guerre, et mettre en ordre les notes prises pendant la nuit pour préparer l'instruction.

Le préfet Pépin de Bellisle ne manqua pas, dans son rapport au ministre de l'Intérieur, de chanter sa continuelle antienne laudative :

« Si j'avais eu, dit-il, le moindre doute sur le bon esprit des habitants de La Rochelle, la circonstance présente l'aurait fait complètement disparaître. Tous ont manifesté une véritable horreur pour les auteurs de l'infâme complot qui vient d'être découvert, et je ne doute pas que, si les coupables n'eussent été prévenus et qu'ils fussent parvenus à donner à leur projet un commencement d'exécution et à lever l'étendard de la révolte, j'aurais trouvé tous les citoyens prêts à me seconder pour rétablir l'ordre et disperser les rebelles. La garde nationale est animée des meilleurs sentiments et elle tiendrait à honneur de ne pas laisser à d'autres le soin de faire rentrer dans le devoir ceux qui s'en écarteraient. Cette confiance dans les excellentes dispositions de cette élite de la population fait que je ne saurais regarder comme dangereuses les tentatives des factieux, si jamais ils les renouvelaient dans cette ville. »

A l'unisson du préfet, le maréchal de camp, baron de Nagle, commandant la subdivision, écrit le même jour, 20 mars, au ministre de la Guerre :

« Aujourd'hui, matin, le régiment, informé des mesures prises contre les individus, a témoigné sa juste indignation et tout son mépris pour les traîtres... Les trois compagnies du 1er bataillon du 52e régiment d'infanterie, en garnison aussi dans cette ville, ont partagé les sentiments du 45°. Je puis assurer V. Exc. que, comme ce régiment, elles sont très dévouées au roi et qu'elles attendent avec impatience l'occasion de le prouver.

» La tranquillité la plus parfaite règne à La Rochelle, et j'ose affirmer qu'elle ne sera pas troublée, quoiqu'elle puisse renfermer quelques agitateurs et ennemis du gouvernement du roi, en très petit nombre, il est vrai. »

La question de la complicité d'un élément bourgeois de la ville avec les conjurés militaires de la garnison est pour M. le préfet une question primordiale. Si elle est établie, il en tirera profit autant que faire se pourra. Ce sera pour lui un marchepied pour se hausser, en faisant valoir une vaine perspicacité, un illusoire dévouement ; il se fera une gloriole d'un fait qui s'est passé tout entier hors de sa sphère, hors de son rayon visuel. Il tient donc à cette complicité des civils avec les militaires, parce que, de ce fait, l'autorité civile primera l'autorité militaire ; que la justice civile criminelle seule aura connaissance de l'affaire et non point le conseil de guerre. M. Pépin de Bellisle est tellement pénétré de cette idée que, l'action à peine entamée, il écrit, le 22 mars, au ministre de l'Intérieur, cette lettre assez singulière dans laquelle perce toute son objectivité :

« Le capitaine de gendarmerie continue ses interrogatoires... Il est parvenu à obtenir de plusieurs (des prévenus), des aveux positifs pour qu'il n'y ait plus de doute sur la réalité de la conspiration, sur son but, ses moyens, ses principaux agents. *Il n'y a encore que des indices fort vagues sur la complicité de quelques habitants de La Rochelle. Le sieur Merens se trouve encore nommé dans la déposition d'un des prévenus; mais il l'est d'une manière trop insignifiante pour qu'il ait paru convenable de le faire arrêter ; mais peut-être de nouvelles recherches nous mettront-elles sur la trace de ramifications que le complot peut avoir parmi les citoyens de cette ville.* »

Et brusquement, malgré « l'insignifiance » des preuves de cette ramification, il ajoute, trahissant sa secrète pensée :

« M. le Procureur du Roi, après avoir aidé de ses conseils, dans la marche de l'enquête, le capitaine de gendarmerie, agissant comme officier de police judiciaire, et après avoir dirigé cette délicate opération, vient, conformément au droit que lui donne l'article 61 du code d'instruction criminelle, de se saisir de sa procédure et va la continuer, sauf à la remettre ensuite entre les mains de l'autorité militaire... »

C'était, par ce coup, préparer un conflit qui ne tarda pas à se produire.

Le général de division Despinois était absolument opposé à l'ingérence de la justice civile dans les affaires militaires, et à la comparution des accusés devant un jury trop enclin à acquitter les révoltés, les conspirateurs civils ou militaires. Pour lui, le conseil de guerre, la commission prévôtale, était seule capable, par son énergie, d'arrêter les crimes contre la nation en punissant impitoyablement les coupables.

Le général Despinois arriva à La Rochelle, le 22 au soir ; il était parti de Nantes aussitôt qu'il avait reçu la lettre du baron de Nagle. N'étant rien moins que violent et nullement parlementaire, quand le préfet vint avec empressement lui faire visite, il y eut entre ces deux autorités une scène que nul mieux que M. Pépin de Bellisle ne nous fera connaître, malgré les réticences de son excessive courtoisie :

« M. le général Despinois, commandant la 12e division, qui vient d'arriver à La Rochelle, a blâmé hautement la marche suivie pour l'instruction. Il pense que la loi du 15 brumaire an V, qui régit la manière de procéder au jugement des délits militaires, interdirait à tout autre qu'au capitaine rapporteur près le conseil de guerre de la 12e division la connaissance de l'affaire et sa poursuite, et, supposant que je pouvais n'être pas étranger par mes conseils à la direction qui lui avait été donnée, il s'est permis, dans la visite que je viens de lui faire à l'instant, conformément au décret de préséance du 24 messidor an XII, de me témoigner, dans les formes très tranchantes et fort peu convenables qui lui sont habituelles, l'extrême mécontentement qu'il en éprouvait. J'ai essayé de lui faire comprendre que, quelque prix que j'attachasse à son approbation, il devait m'être indifférent dans cette circonstance qu'il approuvât ou qu'il blâmât l'opinion que j'avais été

à portée d'émettre dans une affaire qui ne me concernait pas officiellement et n'avait été pour moi
qu'une occasion de donner à des autorités, qui
pouvaient m'avoir fait honneur de me consulter,
un avis officieux dont elles étaient parfaitement li-
bres de ne tenir aucun compte.

» Ne voulant pas continuer une discussion dans
laquelle je trouvais le lieutenant général fort peu
disposé à mettre le calme et la mesure convenables, je me suis retiré en regrettant bien vivement
qu'un militaire investi d'une haute fonction ap-
portât dans ses relations avec les autorités qui doivent concourir, avec lui, au bien du service du
roi, une irritabilité et une violence qu'on pourrait trouver déplacées vis-à-vis même du dernier
des subordonnés. »

On ne pouvait dire davantage en termes polis.

Le lieutenant général Despinois se préoccupa
fort peu de ce que pensait ou ne pensait pas M. le
préfet. Une chose lui importait davantage : le
complot, sa répression et l'esprit des troupes.
Aussi ordonna-t-il une revue générale pour le
lendemain matin, 23 mars. A cette intention, il
rédigea l'ordre du jour suivant :

Officiers, sous-officiers et soldats,

*Je ne viens point réveiller en vous cette pro-
fonde indignation dont vous avez été saisis en apprenant qu'il existait dans vos rangs quelques*

hommes assez criminels pour entrer dans un complot contre le gouvernement du Roi et la sûreté personnelle de vos chefs.

Ils sont indignes de porter votre habit, le nom de militaire français, ceux-là qui, foulant aux pieds la sainteté de leurs serments, renonçant d'avance à l'usage de leurs nobles armes, ont médité dans l'ombre le plus noir des attentats, se munirent pour l'exécuter des instruments des lâches et des assassins.

Loin de nous, le spectacle affligeant de la trahison et de la révolte.

Une image plus douce se présente ici à mes yeux : c'est le témoignage de votre dévouement au Roi : c'est l'expression de votre attachement à vos chefs. C'est à elle que je m'arrête, c'est à ces sentiments que je m'associe.

Oui, en dépit des machinateurs de conspirations et de leurs déplorables agents, elle triomphera cette cause sacrée que nous servons, elle s'affermira sur le trône d'Henri IV et de Louis XIV, cette auguste dynastie à laquelle se rattachent aujourd'hui les destinées de la France et du monde civilisé ! Et ce drapeau que le Roi vous a donné, vous saurez le conserver sans tache et le défendre contre tous ses ennemis, quels qu'ils soient.

Votre conduite, dans cette circonstance fatale, votre fidélité inébranlable et jusqu'à votre douleur, tout m'en répond.

Vive le Roi ! vivent à jamais les Bourbons !
Au quartier général de La Rochelle, le 23 mars 1822.

Le lieutenant général commandant
la 12ᵉ division militaire.

Comte DESPINOIS.

Après la lecture de cet ordre du jour aux troupes de la garnison de La Rochelle, composée du 45ᵉ régiment d'infanterie de ligne, du fond du 1ᵉʳ bataillon du 52ᵉ et de la 5ᵉ compagnie de canonniers sédentaires, le général passa la revue.

Lorsqu'il arriva devant la 4ᵉ compagnie du 2ᵉ bataillon, le sergent Cochet fit un pas en avant, présenta les armes, et, la voix étranglée par l'émotion, confessa avoir trempé dans la conspiration. Ce fut là un beau geste, d'autant plus que cet homme était un des trois sergents qui, après le dîner à l'auberge de *La Fleur de Lys*, à Orléans, avaient réprouvé les projets de Bories et abandonné la cause de la conspiration.

Le colonel connaissait la conduite de ce sergent, d'après les révélations de Goupillon, il savait qu'il était bien noté et qu'il n'avait point été remarqué parmi les militaires compromis. Son cas fut examiné, et ce ne fut que trois semaines après que, sur l'ordre du procureur du roi qui menait l'instruction avec beaucoup de rigueur, Cochet fut inculpé et incarcéré, le 11 avril.

Le lieutenant général Despinois fut très satisfait de son inspection ; il trouva les soldats, qui, animés d'une ardeur toute de circonstance, avaient poussé des cris répétés de « Vive le Roi », remplis du meilleur esprit, et il se convainquit que la masse du 45ᵉ était tout à fait étrangère au complot et, qui plus est, dévouée et « d'une fidélité à toute épreuve. »

Si le romancier peut laisser aller sa plume au gré de l'imagination, l'historien, au contraire, a le devoir de se tenir aussi près de la vérité qu'il est possible ; il a, pour l'aider dans cette tâche, recours aux documents officiels qu'il doit dégager de l'esprit de parti, des récits d'acteurs ou des témoins avérés et, là encore, il doit porter une sagacité attentive à éloigner ce que la vaine gloire, la passion ou la haine, l'aveuglement et l'auto-suggestion y ont mis de trop ; il lui faut aussi voir ce que ces mêmes raisons ont pu faire taire. Le document, que l'on trouve par trop souvent fastidieux, parle mieux que ne le ferait l'historien et c'est pour cette raison qu'il convient de reproduire ici la plus grande partie du rapport du général Despinois au ministre de la Guerre, maréchal duc de Bellune, sur la suite de l'affaire des 4 sergents et de leurs compagnons. La brusque franchise de cet écrit éloigne la suspicion :

« J'ai pris langue, dit-il, auprès des diverses autorités sur la collusion présumable des conjurés militaires avec une portion quelconque des habitants de La Rochelle et des communes environnantes, n'y ayant aucune apparence qu'une trentaine de sous-officiers et soldats, tel corrompus et tel entreprenants qu'on les suppose, osent arborer le drapeau de la rébellion ; mais, contre cette opinion, j'ai trouvé M. le Préfet de la Charente-Inférieure si fortement prévenu, d'ailleurs si mal instruit, qu'en mettant à part la question de droit, qu'il a soulevée au sujet des militaires, en prétendant, sans aucun examen préalable, les soustraire à la juridiction des conseils de guerre, j'ai dû rompre avec lui.

» Par une lettre du 26 de ce mois, j'ai eu l'honneur d'informer V. Exc. que treize sous-officiers, caporaux et soldats du 45ᵉ avaient été arrêtés dans la soirée du 19, comme prévenus de conspiration et transférés dans les prisons civiles.

» Cette dernière disposition concertée entre MM. le Préfet, le Maréchal de camp commandant la 2ᵉ subdivision, a donné lieu à une première information tout à fait irrégulière, puisqu'elle a été faite sans ma participation, et sur l'ordre de cet officier général à M. le capitaine commandant la gendarmerie, ce qui est manifestement contraire aux vœux et aux termes de la loi du 13 brumaire an V.

« Les choses étant en cet état, il restait à savoir s'il y avait implication de parties civiles, seul cas où le ministère public était légalement saisi et la cour d'assises compétente.

» Le Procureur du roi, M. Jules Desplantes, magistrat aussi actif que bien intentionné, convient avec moi que le conseil de guerre aurait fait une prompte justice des coupables, et qu'il n'y avait point de motif pour décliner sa juridiction, en l'absence de toute implication d'individus non militaires.

» Il allait clore la procédure entamée par le commandant de gendarmerie, et me la renvoyer d'office, n'ayant pu arracher aucun aveu de Pommier, sergent-major, Goubin, sergent, lorsque, pour ma propre satisfaction dans l'intérêt du service du roi, *j'ai jugé à propos d'essayer sur l'esprit de ces deux sous-officiers l'effet de ma présence et de mes interpellations, en me transportant au Palais de justice, en les faisant amener devant moi, l'un après l'autre.*

» *Je suis parvenu à les ébranler ; après plusieurs heures, j'ai obtenu d'eux, sous la promesse de m'intéresser à leur sort, les déclarations les plus précises, les plus importantes* (1).

» Celles de Pommier sont consignées dans la copie ci-jointe de sa déclaration (2).

» Celles de Goubin (je viens de les entendre seulement) suivront de près.

(1) On verra plus loin l'avocat général de Marchangy nier le fait : en déclarant (p. 137 de son plaidoyer) *que le général Despinois ne s'est point entremis dans cette affaire.* Les accusés eux-mêmes avaient révélé cette ingérence illégale en la présentant sous un jour exagéré et mensonger. Le publiciste outrancier et révolutionnaire fanatique Trélat a écrit, dans *Paris révolutionnaire*, contre le général, une page pleine de fiel qui dépasse les bornes de la vérité.

(2) Datée du 25 mars, comme la lettre du général.

» Il faut pour cette fois que les écailles tombent des yeux aveugles. »

Le lieutenant général expose ici la marche de la conspiration et les pourparlers avec le délégué de Paris et le général Berton ; puis, ayant constaté qu'il y a eu collusion et coopération avec l'élément civil, il poursuit, après avoir tonné contre les sociétés secrètes et les jurés de cours d'assises trop portés à l'indulgence :

« Aujourd'hui que l'affaire est décidément mixte, — et toutes les conspirations se présentent sous le même aspect, — il n'y a plus pour en réprimer les auteurs et rendre leur châtiment prompt et exemplaire, que les prévôtales. A leur défaut, à peine aura-t-on brisé une trame qu'il s'en ourdira une autre. Si l'autorité, à force de vigilance, de vigueur, échappe dans plusieurs endroits à tous les pièges et embûches, la population des villes n'en sera pas moins abandonnée à la plus affreuse anxiété, l'industrie et le commerce interrompus de toutes parts. »

La juridiction civile que le lieutenant général redoute, il semble qu'il la pressentait. Si, d'après le code militaire, il préparait la formation du conseil de guerre, il devait avoir plus que des doutes sur la compétence de ce tribunal. Ces doutes, il dut les manifester en haut lieu, car le directeur de la sûreté générale au ministère de l'Intérieur en eut promptement connaissance sans toutefois deviner les motifs sur lesquels pouvait s'appuyer l'opinion du général Despinois.

Celui-ci apportait quelques lenteurs dans la marche de la procédure et le ministre de la Guerre lui en fit de vagues reproches, mettant une partie de la faute sur la négligence des courriers. Cette conduite n'était pas sans raison ; le lieutenant général avait, en effet, appris par les interrogatoires de divers accusés que, dès le début de la conspiration, les militaires composant la vente du 45ᵉ avaient eu des rapports avec des carbonari civils, qu'ils avaient, entre autres, assisté à une réunion présidée par un citoyen qui leur avait fait un discours au cabaret du *Roi Clovis*, à Paris, avant leur départ ; on avait même précisé le nom de l'orateur, un certain Hénon. Cette indication venait s'ajouter aux déclarations de Goubin et de Pommier. En effet, le sergent-major Pommier, dans sa lettre au général Despinois, avouait cette collusion de l'élément militaire à l'élément civil :

« J'ai été reçu (carbonaro) à Paris par Bories et deux bourgeois, étudiants en médecine... J'ai fréquenté plusieurs fois d'autres sociétés... J'ai été pendant deux fois chez M. Baradère, étudiant, qui était un député de la haute vente, et chez M. Pector, dont le père est marchand... »

Ces noms et ces indications, transmis au ministère, furent immédiatement fournis au préfet de police par Franchet-Despérey, directeur de la sûreté générale. M. de Besleyme se fit amener l'instituteur Hénon et procéda lui-même à son interrogatoire. Les aveux de cet homme ne laissèrent aucun doute et si l'avocat stagiaire Baradère, interrogé à son tour, nia sa culpabilité, il n'en fut pas moins prévenu de complicité et écroué lui aussi.

Dès lors, la justice criminelle dut connaître légalement de l'affaire ; la procédure militaire fut réclamée au parquet du conseil de guerre de la 12ᵉ division militaire et transmise, de La Rochelle, à celui de la cour d'appel de Paris, devant laquelle l'affaire fut portée afin de lui donner la plus grande importance possible.

Dans la prison de La Rochelle, les accusés ne pouvaient être tous mis au secret, il y eut d'abord négation absolue de la part de tous, il y eut aussi fléchissement rapide chez quelques-uns dans la voie des aveux ; mais on redoutait que l'entêtement des autres dans la négation, la résistance, n'opérât un revirement néfaste pour les prévenus et préjudiciable à l'instruction ; l'autorité décida de prendre des mesures énergiques propres à arrêter efficacement les tentatives de séduction.

Le ministre autorisait le général à faire casser, non seulement tous les sous-officiers mis en jugement, mais même ceux contre lesquels on aurait de fortes présomptions de complicité. Et, à l'égard de ces derniers, on crut bon de laisser espérer que la franchise de leurs aveux pendant l'instruction pourrait désarmer en partie l'autorité et leur éviter des mesures de sévérité. En conséquence, tous les prévenus mis en jugement furent cassés de leurs grades.

Le ministre de la Guerre ne pensait pas seulement aux coupables, il voulait aussi donner quelque publicité aux bons sentiments que les militaires du 45° manifestèrent dans cette circonstance « douloureuse pour eux, rendre justice à la noble confiance de leurs chefs, qui n'ont point cherché de secours étrangers pour arrêter et remettre les coupables entre les mains de la justice, et enfin distribuer des preuves de satisfaction à tous ceux qui les ont méritées. »

Les récompenses furent-elles distribuées ? C'est une chose probable, mais non précisée ; dans tous les cas, les dégradations opérées sans retard permirent de donner de l'avancement à des soldats qui avaient manifesté leur attachement au gouvernement (1).

Enfin, dans les derniers jours d'avril, le capitaine rapporteur près le 2° conseil de guerre permanent de la 12° division se dessaisissait de toutes les pièces de procédure et de conviction entre les mains du procureur du roi à La Rochelle, qui les transmit aussitôt au procureur général près la Cour de Paris.

Dans la nuit du 19 au 20 mai, deux mois après son arrestation, le capitaine Massias, rayé des contrôles du corps, par ordre ministériel du 26 avril, sur le réquisitoire du ministère public, était ex-

(1) D'après Lefèvre, Choulet devint officier par la suite.

trait de la maison d'arrêt de La Rochelle par la gendarmerie pour être conduit, sous bonne escorte et par voie accélérée, à Paris, devant M. de Cassini, juge d'instruction chargé de l'affaire.

La même nuit, à 3 heures du matin, le sergent Raoulx était aussi extrait à son tour pour suivre la même route ; mais *isolément*, « attendu l'exaltation de son esprit et la gravité des faits à sa charge ».

Déjà Pommier était parti de la même manière, le 25, et Goubin le 30 avril.

Ces principaux accusés avaient été précédés sur la route de Paris, voyageant d'étape en étape, conduits par la gendarmerie, les 17 et 18 mai, par leurs six camarades, les moins compromis en apparence : les sergents Labourée, Castille, Cochet, Dutron, Barlet et Perreton, puis par Assenès le 23.

Quant aux onze autres, ils suivirent trois par trois, de jour en jour, à 3 heures du matin, à pied, encadrés de gendarmes, le chemin qui les conduisit à la Cour d'assises de la Seine, où les rejoignit d'abord Merens (1), le marchand de cuir de La Rochelle, Lemaire dit Bellegarde, cafetier à Niort, Garaud, le tanneur, et Potier, de la même ville.

Ainsi se termina le troisième acte de ce drame.

____

(1) Merens de même que Cornu et Bonnet devaient paraître à la cour d'assises de la Seine simplement en qualité de témoins à charge.

CHAPITRE XVII

L'instruction à Paris
Les inculpés

Dès qu'ils furent avisés par les autorités de La Rochelle de la présence d'éléments civils dans le complot militaire, les ministres en informèrent le préfet de police, M. Delavaux. Dans leurs interrogatoires, certains militaires avaient révélé des faits à la charge de diverses personnes civiles de Paris, quelques noms avaient été cités.

M. Delavaux lança des mandats d'arrêts contre Baradère et Hénon, Gauran et Laroque, chirurgiens à l'hôpital Beaujon, Rozé et Marcel, employés dans une compagnie d'assurance rue Richelieu. Devant le préfet de police, Baradère protesta avec force, déclarant n'être pour rien dans cette conspiration, ourdie loin de lui à La Rochelle. Gauran et Laroque nièrent, non moins énergiquement, leur participation à un complot quelconque. Seul, l'instituteur Hénon, d'un caractère plus faible et habilement « cuisiné » peut-être, saisi d'une défaillance soudaine à la pensée de la ruine ou de la mort qui l'attendait, se décida à la confession la plus entière. Par ses aveux, ajoutés à ceux des trois sous-officiers de La Rochelle, le gouvernement se trouva en possession de tous les détails de l'organisation de la *Charbonnerie*, sur laquelle il n'avait jusque là que des indications fort vagues. Il ne lui en fallait pas davantage pour échafauder une vaste machine destinée à frapper les imaginations, et à porter un dernier coup, pensait-il, aux conspirations incessantes dont souffrait la monarchie. On voulut faire grand l'appareil de la justice et, pour cela, il fallait une mise en scène particulière, des magistrats choisis, un jury trié. Tout, en un mot, fut préparé pour atteindre le but et l'effet escomptés.

L'affaire fut évoquée à la Cour de Paris et non devant un conseil de guerre (puisqu'il y avait des civils compromis), ni à la cour criminelle du département de la Charente-Inférieure comme elle aurait dû l'être ; ç'eut été insuffisant, mesquin, et aurait diminué, amoindri « l'énormité » du crime. Or, pour montrer cette énormité, il fallait user d'un appareil en proportion.

En conséquence, deux juges d'instruction, MM. de Cassini et de Besleyme, furent chargés de l'affaire à Paris, et le premier soin de ces magistrats fut de faire amener les prévenus de La Rochelle pour les entendre et suivre la cause, ainsi qu'on l'a vu précédemment.

Parmi les inculpés, plusieurs persistèrent dans leurs dénégations primitives. Loin du lieu du complot, étrangers aux choses militaires, comment auraient-ils pu se mêler d'une machination semblable ? Ils nièrent donc avec quelque vraisemblance, mais tous esquivaient la question du carbonarisme. Le capitaine Massias nia tout ; toutefois, il dut reconnaître certaines relations compromettantes et des dispositions peu favorables au gouvernement.

Quant au sergent-major Bories, il fut immuable dans ses dénégations, malgré l'évidence des faits et la suite de sa conduite au régiment. Il déploya devant M. de Cassini, comme il l'avait fait devant le général Despinois, une énergie peu commune, une force de caractère doublée d'une lucide et très remarquable intelligence.

Ce ne fut, en effet, que le 24 juillet de cette même année 1822 que la Cour royale de Paris, les deux Chambres de mise en accusation et des appels de police correctionnelle réunies en la chambre du Conseil, après le rapport du procureur général, renvoya devant la Cour d'assises, pour y être jugés, *vingt-cinq* des prévenus sur *trente-trois* qui avaient été arrêtés et interrogés.

L'arrêt de renvoi divise les accusés en trois catégories :

La première comprenait ceux inculpés de complot contre le gouvernement, parmi lesquels figuraient quatre civils pour justifier par leur présence l'évocation de l'affaire devant la cour criminelle :

1° *Baradère*, Jean-Marie-Rémond, âgé de 28 ans, né à Luz (Hautes-Pyrénées), avocat ;

2° *Hénon*, Nicolas, âgé de 35 ans, né à Choisy-au-Bal (Oise), instituteur, rue de l'Oursine ;

3° *Gauran*, Jean-Hippolyte, âgé de 21 ans, né à Lectour (Gers), le 20 floréal an IX (10 mai 1801), chirurgien à l'hôpital Beaujon ;

4° *Rozé*, Joseph-Ambroise, âgé de 24 ans, né à Haguenau (Bas-Rhin), employé à la Compagnie royale d'assurances.

Puis suivaient les militaires du 45° de ligne :

5° *Bories*, Jean-François-Louis-Clair, 27 ans, sergent-major ;

6° *Massias*, Jérôme, 32 ans, capitaine ;

7° *Pommier*, Jean-Joseph, 26 ans, sergent ;

8° *Goubin*, Charles-Paul, 25 ans, sergent ;

9° *Raoulx*, Marius-Charles-Bonaventure, 26 ans, sergent ;

10° *Goupillon*, Auguste-César, 26 ans, sergent ;

11° *Assenès*, Pierre-Nicolas, 25 ans, sergent ;

12° *Bicheron*, Pierre-Charles, 25 ans, soldat.

La deuxième catégorie comprenait treize militaires inculpés d'avoir eu connaissance du complot et de ne l'avoir pas révélé : *Castille, Dariotseq, Lefèvre, Thomas, Barlet, Demait, Labourée, Perreton, Cochet, Hue, Dutron, Gauthier* et *Lecoq.*

La troisième catégorie bénéficia d'un non-lieu car il n'y avait pas charges suffisantes contre les individus. C'étaient d'abord deux militaires du 45° qui avaient quitté le régiment avant son départ pour La Rochelle, mais qui avaient cependant fait partie de la vente, les sergents Fourmy et Edeline ; puis quatre autres militaires qui ne s'étaient trouvés qu'incidemment mêlés aux menées de leurs camarades : c'étaient Gindrat, Vivien, Langlet et Bijon, ce dernier dénoncé par erreur.

L'étudiant Laroque et l'employé d'assurances Marcel furent aussi mis hors de cause. Quant aux citoyens amenés de Niort en raison de leur conduite lors du passage du 45ᵉ dans cette ville, Lemaire, dit Bellegarde, Potier et Garaud, bien qu'il semblât certain qu'ils appartinssent aux carbonari, la chambre n'estima pas les charges suffisantes et les mit en liberté, sous condition de n'être pas détenus pour d'autres causes.

Le gouvernement, en agissant avec un tel appareil, voulait cacher sa déception et essayer d'atteindre d'autres personnalités de plus haute importance. Le coup de filet était en réalité mesquin, la découverte insuffisante. On sentait bien que, derrière ces hommes simples, il y avait des énergies cachées et que, pour commander de pauvres soldats, il devait y avoir des chefs habiles et forts ; le secret fondamental de l'association ne fut pas trahi. Et pendant cinq mois que dura l'instruction, il fut impossible au juge de découvrir quoi que ce fût qui soulevât le voile couvrant la direction complète de la Charbonnerie. Cette obscurité provenait, on l'a dit, de l'organisation même de l'association, qui avait établi l'indépendance absolue des ventes entre elles, reliées avec les ventes supérieures par le moyen de délégués à des degrés divers, ignorant eux-mêmes des choses en dehors de leurs sphères. Les accusés, tous membres d'une basse vente, à l'exception de Baradère, de Bories et peut-être de Massias, ne savaient, en somme, rien et ne pouvaient rien dire.

Bories, Baradère et Massias ne parlèrent pas, si bien que l'accusation se basa sur plus de conjectures que de réalités ; mais ce peu de réalités fut si gonflé qu'il en résulta un énorme trompe-l'œil, qui ne trompa cependant pas tout le monde.

Dès que les accusés eurent des avocats, il se passa un phénomène singulier : tout ce qu'ils avaient dit, avoué et signé n'existait plus, dénégation ou silence, tel fut le mot d'ordre.

Les accusés avaient dans leurs avocats, non pas seulement des défenseurs, mais des frères en Charbonnerie ; la plupart, en effet, appartenaient à la société, les autres étaient des libéraux, c'est-à-dire des bonapartistes et des orléanistes ennemis plus ou moins prononcés du gouvernement et qui, presque tous, arrivèrent par la suite, sous d'autres régimes, à de hautes situations. Baradère était défendu par Berville, qui devint premier avocat général à la Cour de Paris. Barthe, qui assistait le chirurgien Gauran, fut ministre, sénateur, premier président de la Cour des comptes. Le capitaine Massias se confia à Mocquart, le futur secrétaire de Napoléon III. Mérilhou, qui avait assumé la défense du sergent Bories, devint ministre sous

Louis-Philippe ; son client n'était pas pour lui un simple accusé, un prévenu ordinaire qu'il avait à sauver, mais bien plutôt un complice dont il connaissait les idées, les plans et qu'il avait poussé à la révolte et à l'action, indirectement, si l'on veut, mais cependant de fait, par suite de sa haute situation dans la vente suprême. Goubin et Pommier eurent, l'un Coffinières, qui devint célèbre dans la politique, et l'autre Leguix, appelé aux fonctions élevées dans la magistrature. Chaix d'Est-Ange, alors jeune et exubérant, et le grave, le sage Boulay de la Meurthe, que la voix populaire appela à la vice-présidence de la République à côté du prince président Louis Bonaparte, assistaient Bicheron et Perreton.

Le premier soin des avocats fut de se consulter sur la question de savoir s'il y avait eu réellement conspiration, complot. L'entente ne fut ni longue ni difficile et tous signèrent une consultation sur la *question légale du complot*, concluant à la négative.

Le ministère public avait insinué que de grands personnages en étaient les chefs, et parlé d'un comité directeur dont il ne put démontrer l'existence. L'accusation pêchait donc par la base. Elle établissait par déduction seulement le délit et, cette absence de preuve, elle était non recevable à en tirer des conséquences contre les accusés. Voilà pourquoi la défense décida de s'opposer au système des faits généraux présenté par l'accusation.

Le procès fut fixé au 21 août, et les accusés, tenus au secret à la Force et dans une autre prison, furent aussitôt ramenés à la Conciergerie où ils purent se voir et communiquer entre eux et avec leurs avocats. C'est alors que fut décidé le plan de conduite à tenir à l'audience. Ce qui s'est passé pendant les jours d'attente est peut-être exactement raconté dans les souvenirs de Lefèvre, mais la suspicion très forte qui plane sur cet écrit ne permet pas de s'y reporter aveuglément. On sait seulement que la fraternité la plus grande régna entre tous les militaires, que tous se disposaient avec courage à affronter les interrogatoires subtils et le réquisitoire passionné de l'avocat-général de Marchangy, dont on prévoyait l'argumentation d'après l'acte d'accusation rédigé par lui.

CHAPITRE XVIII

La Cour d'Assises
Les interrogatoires

Le 21 août, donc, s'ouvrirent les débats de cette affaire, grossie d'abord par le gouvernement et ensuite par la presse libérale, mais dans un sens tout opposé. Cette dernière avait exalté l'opinion populaire en faveur de ces jeunes militaires dont le plus âgé avait à peine vingt-sept ans, elle avait suscité les meilleurs sentiments de sympathie ou de commisération, comme aussi les aspirations malsaines à la révolte et à la vengeance. Elle dépassa ainsi son but et desservit les accusés.

C'est avec un vif sentiment de curiosité sympathique qu'on vit les vingt-cinq inculpés prendre place sur les bancs, en face du jury.

Le sergent Bories, particulièrement désigné par les feuilles publiques, fut singulièrement remarqué ; il concentra sur lui, non pas seulement les regards par son élégante prestance, mais aussi par son air de franchise, et surtout par l'auréole dont l'avaient environné les journaux ultra-libéraux.

13

Toute la première audience est consacrée à la constitution du jury et à la lecture de l'acte d'accusation. Celle-ci est l'œuvre de l'avocat général de Marchangy qui occupe avec son substitut, M. de Broé, le siège du ministère public.

M. de Marchangy s'est appliqué à grouper les faits révélés par l'instruction pour en former un faisceau propre à établir l'existence d'une vaste conspiration dont il montre la marche et les progrès sans toutefois en découvrir le centre directeur qu'il laisse anonyme, soit qu'il l'ignore, soit qu'il veuille prudemment paraître l'ignorer ; car, au cours des débats, il aura des réticences, des allusions tellement voilées que ceux qui les devineront sembleront ne pas les comprendre de peur de se trahir eux-mêmes.

L'acte d'accusation déclare que le complot de La Rochelle n'est qu'une partie de la vaste conspiration qui s'étend sur toute la France et s'est manifestée à Toulon, Belfort, Marseille, Nantes et Saumur. Il divise les accusés en deux catégories : ceux de la première sont passibles des peines les plus sévères, quant à ceux de la seconde, il y a des charges suffisantes pour établir qu'ils ont pris part au complot et qu'ils y ont persisté en ne le révélant pas.

Après la lecture de l'acte d'accusation, qui dura deux heures, le greffier appela les témoins à charge, au nombre de quarante-huit, et ceux à décharge, à peine une vingtaine, parmi lesquels le général Despinois, qui ne répondit pas à l'appel.

Ce fut le premier incident que souleva la défense. Celle-ci, qui avait fait citer le général à la requête de Bories, de Goubin et de Pommier, avait escompté un gros scandale et Bories insista pour sa comparution à la barre.

A l'audience du lendemain 22, le président commença par interroger l'instituteur Hénon, après avoir fait sortir Baradère, Gauran et Rozé.

Avec Hénon, apparut le singulier système de défense concerté entre les accusés sur les indications de leurs avocats : silence sur la Charbonnerie, négation absolue de tout acte de conspiration, rétractation pure et simple des premiers aveux. C'était une folie.

Le Président, à Hénon. — « Vous avez déclaré que vous aviez fait partie d'une société secrète, persistez-vous dans cette déclaration ?

Hénon. — Non, monsieur.

D. — Qui a donc pu vous pousser à faire des déclarations contraires à la vérité ?

R. — Je croyais par là obtenir promptement ma mise en liberté. Je suis père de famille, à la tête d'un établissement que huit jours d'absence peuvent renverser, et c'est ce qui est arrivé. M. le Préfet de police m'a donné à entendre qu'un aveu quelconque de ma part me ferait mettre immédiatement en liberté. J'avais déjà fait quelques jours de détention, et la patience commençait à m'abandonner. M. le Préfet de police s'est efforcé de me persuader qu'en faisant des révélations, je me tirerais d'affaire et que je pourrais même sauver mes camarades. Je l'ai cru, et j'ai dit tout ce qu'on a voulu me faire dire. »

Le président repousse ces allégations comme invraisemblables et donne lecture des deux interrogatoires précédemment subis par l'accusé.

Hénon n'en persiste pas moins à démentir les déclarations par lui faites devant le préfet de police. Il dit que, non seulement il a été porté à les faire par l'espérance de la liberté, mais qu'il a pu céder encore à un mouvement de générosité à l'égard de son ami Marcel, qu'il craignait de voir compromis.

Le président ordonne, en vertu de son pouvoir discrétionnaire, que le préfet de police sera appelé devant la Cour.

Pommier, interrogé à son tour, avoue avoir fait partie de la réunion des sous-officiers du 45e chez un marchand de vin ; mais il dit ne se rappeler ni le nombre des assistants ni l'époque de la réunion. Il déclare n'avoir jamais eu d'entrevue avec des bourgeois et nie avoir été reçu carbonaro à Paris.

D. — « Vous avez déclaré que vous aviez été reçu par Bories et deux bourgeois ?

R. — J'ai fait cette déclaration, cela est vrai, mais c'est la faute du général Despinois, qui m'y a forcé par ses menaces et ses promesses.

Le Président. — Votre déclaration première est écrite de votre propre main.

Pommier. — Cela est vrai ; mais elle m'a été

dictée presque tout entière par le général Despinois. C'est lui qui m'a donné tous les renseignements sur la société des carbonari.

D. — Comment se fait-il que, dans vos interrogatoires ultérieurs, vous ayez persisté dans cette déclaration ?

R. — Parce que M. le général Despinois me l'avait recommandé en me disant que je serais sauvé.

Le Président, s'adressant à Bories. — Bories, il résulte de tous les faits de la cause que vous avez fondé dans le 45° régiment de ligne une société secrète, une vente particulière, composée de sous-officiers ?

Bories. — C'est faux, monsieur le Président. Il a été question d'établir une société philanthropique pour donner des secours aux militaires malades ; il y en avait beaucoup. Comme l'argent des souscripteurs n'était pas distribué également, j'ai proposé de former une société avec un secrétaire et un trésorier. J'avais déjà, au Havre, parlé de ce projet de société à Goubin et à Pommier. Je déclare qu'elle n'a jamais porté le nom de Chevaliers de la Liberté ou de Carbonari.

D. — Comment entrait-on dans cette société philanthropique ?

R. — En donnant vingt sous par mois. On faisait prêter un serment pour intriguer les sous-officiers et les engager à entrer dans cette société. »

Quand aux poignards qu'il est accusé d'avoir fournis aux membres de cette société, Bories dé-

clare que c'est Pommier qui les a fournis en disant que c'était un signe mystique et que ceux qui
en voudraient en prendraient.

Bories déclare, en outre, que c'est lui qui a payé
le dîner à Orléans sur les fonds de la société, mais
qu'à cette réunion il n'a pas été question de politique.

Le président rappelle à Bories la querelle avec
les soldats suisses, à Orléans, querelle à la suite
de laquelle il avait été cassé provisoirement et aurait eu, à Tours, une entrevue avec le capitaine
Massias.

Bories déclare que cette entrevue fut sans importance, que l'objet, assez insignifiant pour qu'il
n'en ait point gardé le souvenir, était étranger à
la politique.

Le Président, à Goubin. — « Accusé, vous
avez déclaré que vous faisiez partie d'une société
secrète destinée à conquérir la Liberté ?

Goubin. — Le fait est faux : j'ai déclaré que
c'était pour maintenir le roi et la royauté. On faisait le serment de ne pas nommer les membres
de cette société.

D. — Vous avez dit qu'on prêtait le serment sur
un sabre ou un poignard ?

D. — J'ai fait cette déclaration d'après une lettre que Pommier me jeta dans mon cachot lors de
mon arrestation à La Rochelle ; on m'y traçait le
plan de conduite que je devais tenir devant le général Despinois. Lorsque je fus amené devant le
général, il me demanda où j'avais été reçu car-

bonaro. Je lui répondis que c'était à La Rochelle. Le général Despinois me dit alors : Vous allez être fusillé sous peu de jours ; si vous voulez me faire une lettre telle que celle que Pommier m'a écrite je vous promets, foi de général, que je vous sauverai, ainsi que tous vos camarades. »

Le président donne lecture de la déclaration faite par Goubin devant le procureur du roi de La Rochelle.

Goubin repousse comme mensongers les aveux qui résultent de cette pièce et persiste à soutenir que c'est le général Despinois qui l'a engagé, ainsi que Pommier, à faire ces déclarations qu'ils ont signées dans l'espoir d'échapper au danger de leur position. Mais aujourd'hui, devant la justice, il veut déclarer toute la vérité. La séance prend fin sur cette singulière déclaration.

Pitoyable système de défense en vérité, désastreux pour eux-mêmes en raison de son invraisemblance, mais qui allait sauver les personnages importants qui se tenaient dans la coulisse.

Le 23 août, en ouvrant l'audience, le président ordonne l'introduction immédiate du préfet de police, en la forme prescrite par le décret du 3 mai 1812.

Un huissier se rend aussitôt au devant du magistrat et l'introduit dans la salle. Le préfet de police, M. Delavaux, qui est en grand costume, l'épée au côté, va s'asseoir dans le fauteuil qui lui est préparé en face de la Cour.

Disons tout de suite que sa confrontation avec

Hénon n'apprend rien de bien nouveau, Hénon persistant dans son système et déclarant fausses toutes les affirmations du préfet. La défense fait cependant reconnaître par celui-ci qu'il a fait remettre un secours de 3o francs à l'accusé.

Le préfet de police peut alors se retirer et l'huissier le reconduit avec le même cérémonial jusqu'au pied du grand escalier.

Le Président, à Goubin. — « Vous ne me persuaderez jamais que le général Despinois a tenu la conduite que vous avez affirmée.

Goubin. — Qu'il paraisse ici comme témoin, et je le démasquerai devant toute la Cour.

M. de Marchangy. — Vous n'étiez nullement sous l'influence du général Despinois, quand vous avez fait votre déclaration devant le procureur du roi de La Rochelle ; vous prétendez même n'avoir fait que calquer fidèlement une lettre que Pommier vous a fait parvenir dans la prison.

Goubin. — Cette lettre était pour me dire que, si je ne déclarais tout ce que Pommier avait déclaré, nous serions punis tous les deux. Le général m'a ensuite donné sa parole de général Despinois que, si je venais à être condamné, il me ferait obtenir ma grâce. »

Pommier (à qui on lit les déclarations qu'il a faites pendant l'instruction, à Paris) : — « Devant M. de Cassini, j'étais encore intimidé par les menaces du général Despinois ; je me suis réservé de m'expliquer aux débats.

Le Procureur général DE MARCHANGY

(frontispice de son livre : *La Gaule poétique*)

Le Président. — Le général Despinois n'avait plus d'empire sur vous.

Pommier. — Pardonnez-moi, il est général, et moi je suis militaire. »

Le président s'étonne qu'on puisse supposer qu'un général français commette la *lâcheté insigne* d'intimider au point d'exiger d'un accusé de fausses déclarations.

Pommier. — Le général Despinois, à la suite de mon premier interrogatoire, m'a engagé à désigner le capitaine Massias comme carbonaro.

Le Président. — Comment ferez-vous croire qu'un général français, qu'un officier sans peur et sans reproche ait eu recours à des suggestions aussi lâches, aussi criminelles ?

Pommier. — Il est allé jusqu'à se dire carbonaro.

Le Président. — Que dites-vous là ?

Pommier. — Oui, Despinois, pour m'arracher des aveux, m'a dit que lui-même était carbonaro, qu'avant un mois il livrerait Nantes et que je n'avais rien à craindre de lui.

Le Président. — On comprend votre réponse. Quelles sont les menaces que vous a faites le général Despinois ?

Pommier. — Il m'a dit que si je ne consentais pas à déclarer tout ce qu'il allait me dicter, il me livrerait à un Conseil de guerre, que les membres du Conseil étaient déjà nommés, et que, dans cinq ou six jours, mes camarades et moi nous serions tous fusillés. Après cela, il a paru se radoucir et m'a offert de l'argent pour m'engager à faire des révélations, me promettant de demander ma grâce au roi.

D. — D'où venaient les poignards qu'on a saisis dans vos effets ?

R. — Je les ai achetés à Paris, dans la rue du Foin, à un marchand d'habits qui passait. Ils étaient destinés à une société philanthropique, dont j'étais membre. Les maçons ont des armes et des symboles semblables. »

Goupillon, interrogé, dit : « Avant d'entrer dans aucun détail, je désirerais expliquer les circonstances qui ont précédé ma déclaration d'un prétendu complot qui existait dans le régiment ». Et il n'en donne qu'une légère explication.

En somme, Goupillon confirme en partie ses déclarations premières et les modifie sur quelques points. Il convient avoir été reçu carbonaro, et avoir reçu le signe de reconnaissance, qui se trace avec l'index sur la paume de la main.

Le président fait remarquer que Goupillon a fait des révélations et que c'est pour cela que plusieurs de ses coaccusés s'entendent pour l'incriminer. Gauran et Rozé nient tous deux avoir jamais fait partie d'une société de carbonari et avoir assisté à un dîner prétendu fait au *Roi-Clovis*. — Rozé demande à être confronté avec le *délateur* ou plutôt le *calomniateur* qui l'a fait arrêter.

Dans cette séance, on avait lu la déclaration écrite de Goupillon, dans laquelle Pommier était

principalement chargé ; on sait d'ailleurs que
Goupillon était le premier qui eût fait des révélations, et que c'était à ses révélations que les
accusés avaient à imputer leur malheur. Cependant,
dant, dans cette même séance, Goupillon, prétendant que c'était le lieutenant Leloup qui avait rédigé presque en entier toute sa seconde déclaration écrite, avait vivement rétracté la plus grande
partie de ses révélations et s'était écrié : « On me
fait jouer ici un rôle infâme, je préfère la mort à
l'infâmie. »

Le lendemain, Pommier, entrant dans la salle
des avocats à la prison, y aperçoit Goupillon auquel, depuis le commencement de l'instruction,
il n'avait jamais pu parler, celui-ci ayant toujours été séparé de ses co-accusés ; il s'approche
de lui et lui tendant la main avec une franchise
et une simplicité toute militaire. « Va ! Goupillon, lui dit-il, je ne t'en veux pas ; tu as été plus
faible que méchant ; et, d'ailleurs, tu as hier ré-
paré ta faute ». Goupillon fondait en larmes,
Pommier ne se doutait pas qu'il y eut alors de
l'héroïsme dans sa conduite.

Baradère, interrogé à son tour, commence par
des arguties d'avocat, puis il nie lui aussi la
conspiration, et déclare n'avoir jamais été ni président de vente, ni carbonaro.

Le président, avant de faire à Baradère aucune
question, lui avait fait remarquer que sa préten-
tion de ne s'expliquer qu'aux débats était de nature à faire craindre une défense imprudente ;

que son intérêt n'est point d'affecter par une semblable attitude d'être le directeur du procès et le chef des conjurés. Baradère a compris ce bienveillant conseil.

Bories est ensuite de nouveau interrogé, il maintient ses précédentes déclarations et renouvelles ses dénégations absolues en contradition avec les faits ; c'est avec une grande énergie, une logique remarquable qu'il s'efforce de réfuter l'accusation.

« L'accusation me place, dit-il, dans une position bizarre ; elle prétend tantôt que je reçois des ordres du comité directeur lui-même, tantôt que j'en reçois de Baradère, qui était simple président de vente ; tantôt, enfin, que j'en reçois de Massias, qui, lui-même, serait le subordonné de Baradère. Qu'elle fixe au moins ma place dans la hiérarchie du carbonarisme, et qu'elle ne fasse pas de moi tout à la fois le correspondant immédiat du comité directeur et l'agent soumis aux ordres d'un simple président de vente. »

Quant à ses relations avec Massias, l'accusé les nie également.

A l'audience suivante, le président revient sur les dénégations de Goubin, sur ses aveux premiers, sur sa lettre au général Despinois. « Vous prétendez, dit-il, que le général Despinois, oubliant tous ses devoirs, abjurant tout sentiment d'honneur et de délicatesse, a suggéré les déclarations que vous avez faites contre vos co-accusés, et qu'il s'est ainsi rendu complice des fausses dé-

¡clarations dont vous n'avez pas craint de vous faire l'organe.

Goubin. — Oui, monsieur le Président ; je l'ai dit et je le répète. Mais c'est devant le général surtout qu'il me tarde de m'expliquer sur ce point.

Le Président. — Vous savez qu'il est à cent cinquante lieues d'ici. Enfin il viendra peut-être.

Goubin. — C'est tout ce que je souhaite. »

Mais le général ne vint pas...

A l'ouverture de l'audience suivante, on entend les premiers témoins à charge.

Le marquis de Toustain, colonel du 45e régiment de ligne, reconnaît tous les accusés qui ont fait partie de son régiment. Le capitaine Massias lui avait été signalé pour ses opinions libérales ; mais il n'a à donner sur son compte que les renseignements les plus satisfaisants. Il lui est revenu sur Bories des rapports qui l'engagèrent à surveiller exactement ce sous-officier.

Le colonel fait ensuite le récit de l'affaire d'Orléans et des incidents de la route à Poitiers et à Niort, tels qu'ils ont été décrits.

Le capitaine Massias se lève alors et dit : « J'ai toujours passé pour libéral ; mais je ne me suis jamais cru pour cela indigne de faire partie de l'armée. Fatigué des bruits qui couraient sur mon compte, j'allai trouver le colonel, et je protestai devant lui d'avoir jamais fait partie d'une association contre le gouvernement. Je sais trop à quoi l'honneur m'engage, pour tourner contre le gouvernement des armes que j'ai reçues pour le défendre. Le colonel me répondit : Mais je ne vous ai pas cru, pour cela, indigne de servir le gouvernement du roi ».

Nous ne donnerons pas le détail des interrogatoires des nombreux témoins appelés parmi lesquels figuraient de nombreux officiers, sous-officiers ou soldats du 45e (notamment Choulet), le gendarme Bolzingre et les gendarmes qui avaient conduit à Paris les inculpés, enfin la plupart de ceux qui, d'abord inculpés, ont été ensuite mis hors de cause.

Les trois Rochelais Merens, Cornu et Bonnet défilèrent simplement comme témoins à charge. Comment n'avaient-ils pas été inculpés ? Cela peut paraître surprenant après le rôle qu'ils ont joué, alors que de moins compromis ont été condamnés. Toujours est-il que, heureux de s'en tirer à si bon compte, ils se réfugièrent dans des déclarations insignifiantes, affirmant ne pas connaître les accusés et ne savoir aucun fait relatif à l'accusation.

Il est vrai qu'on avait entendu tant d'affirmations invraisemblables au cours du procès que celles-là durent passer inaperçues.

CHAPITRE XIX

—

Un réquisitoire implacable
Des avocats trop gênés

—

Les quelques témoins à décharge entendus, l'avocat général prononça son réquisitoire.

M. de Marchangy n'était pas uniquement un magistrat, c'était aussi un littérateur connu par un ouvrage en six volumes sur la *Gaule poétique*, qu'a précédé un poème en quatre chants intitulé *le Bonheur*. Sa production judiciaire tenait également de l'homme de loi et de l'homme de lettres par l'imagination et l'exactitude, par des déductions exposées souvent d'une façon romanesque mais non sans vigueur et sans autorité.

Dans un style pompeux, caractéristique de l'époque, mais s'élevant parfois jusqu'à une indéniable éloquence, il refit l'acte d'accusation en l'aggravant. C'est en effet avec la plus implacable sévérité qu'il chargea les accusés, enflant les faits, créant des circonstances que lui suggérait surtout son imagination pour proclamer une culpabilité que grandissait outre mesure son verbe

hautain et passionné. Surtout il s'attacha à démontrer la vaste conspiration qui agitait l'Europe
et avait en France à sa tête un comité dangereux
resté dans l'ombre.

Ce réquisitoire, qui a été publié en entier avec
la réplique aux avocats (1) a été jugé généralement comme un monument de la passion politique. Il faut cependant reconnaître qu'il contient
des passages dignes d'être cités.

M. de Marchangy flétrit cette organisation fon-
dée sur l'obéissance passive à une vente souve-
raine, invisible, étrange contradiction pour des
amis de la Liberté ! Féodalité « plus odieuse mille
fois que celle contre laquelle on ne cesse de décla-
mer, bien qu'elle soit à jamais ensevelie depuis
des siècles dans la poussière de ses vieilles châtel-
lenies. Là, du moins on ne se servait pas de poignards ;... là, on ne s'engageait point par exécra-
bles serments à répandre le sang d'un frère pour
des tyrans cachés, pour de lâches rhéteurs, dont
le premier soin est d'obliger les malheureux
qu'ils égarent à ne pas chercher à les connaître et
néanmoins à mourir pour eux... « Allez, leur di-
sent-ils, allez tenter pour nous les hasards d'une
insurrection dont nous sommes les actionnaires...
Nous paraîtrons au signal de vos succès, nous
irons vous secourir dans vos triomphes... Si vous
succombez dans une agression tumultueuse nous

____

(1) *Plaidoyer de M. de Marchangy*, Paris, Boucher
1822, in-8° de 241 pages.

vous érigerons à grand bruit des tombeaux ; nous ferons sortir des étincelles de votre cendre agitée... » Dures et prophétiques invectives que certains hommes politiques, arrivés plus tard au pouvoir, durent se rappeler avec amertume !

La vue des accusés, presque des enfants pour la plupart, inspire à l'avocat général des réflexions pénibles. « A Dieu ne plaise que nous fassions tomber (sur la jeunesse)... une sorte d'anathème. Elle est à plaindre, puisqu'elle est abusée, on l'a flattée pour l'empoisonner, nous voudrions la louer au contraire pour l'élever par le sentiment d'elle-même hors du piège où l'on cherche à l'engager... Quel fanatisme l'entraîne dans une politique aride, que le plus beau privilège de son âge est de ne point comprendre, et qu'elle devrait abandonner aux cœurs flétris que le dégoût a mis hors de la nature, où ils ne trouvent comme dernier aliment que de stériles abstractions ou des sophismes glacés ? Mais elle, à qui sont prodiguées toutes les promesses de la vie, pour qui va-t-elle sacrifier tant d'inappréciables trésors ? Pour des hommes dont le premier soin, s'ils ressaisissaient le pouvoir qui porta l'empreinte de leurs mains sanglantes, serait de comprimer sous leur despotisme de fer cet impétueux essor qu'ils encourageaient lorsqu'il fallait le détruire... Que la jeunesse se hâte donc de rompre la funeste alliance dont elle est à la fois l'instrument et la dupe ; bientôt le mal serait irréparable. Déjà s'est altéré visiblement le caractère français, que rehaussaient naguère les grâces de l'urbanité et les vertus hospitalières. Déjà je ne sais quoi d'inquiet, d'amer et de sombre dénature ce caractère distinctif qui était offert à tous les peuples comme le type de la civilisation et de la courtoisie. Chaque jour, une grossièreté d'habitudes et de langage succède au sentiment des convenances ; la modestie fait place à une présomption aveugle, qui heurte avec arrogance, et les dogmes de la religion, et les oracles de la vieillesse, et les volontés des lois... On se sert maintenant des lumières pour retourner à la barbarie, comme de ces flambeaux avec lesquels on descend dans les sépulchres et les abîmes. »

Le morceau, qui ne manque pas d'allure, fit alors beaucoup crier. De nos jours, on serait plus juste et l'on doit reconnaître que, à part une défiance archaïque pour le désir qu'a la jeunesse de s'instruire et de participer à la vie publique comme les aînés, il contient de justes vérités que l'expérience n'a pas démenties.

Il se poursuit ainsi : « La jeunesse qui tient... dans ses mains la clef de notre avenir, peut surtout concourir à perdre ou à sauver la société. Puissent nos conseils prévenir désormais ses écarts, et n'avoir plus besoin d'être fortifiés par des exemples de punition que notre ministère nous force à réclamer aujourd'hui ! »

Hélas ! oui, et c'est là que l'on doit déplorer la peu équitable sévérité du ministère public qui réclame la tête de ces jeunes militaires, alors qu'il ne semble guère désireux d'atteindre sérieusement les coupables civils, ceux surtout qui se cachent derrière un voile que, malgré les anathèmes qu'il ne ménage pas, il préfère ne pas arriver à soulever.

Pour l'avocat général, aucun des inculpés ne doit être épargné car il est urgent de faire des exemples. Ceux de la première catégorie méritent la peine capitale ; il semble même l'imposer aux jurés qui doivent juger en leur âme et conscience. Ceux de la seconde catégorie, pour n'avoir pas révélé les agissements des premiers, méritent une peine sévère ; quant aux autres il les abandonne aux jurés.

Et c'est au courage civique de ceux-ci qu'il s'adresse en terminant : «... Qu'on puisse dire à votre louange : Si c'est à Paris que s'est organisé un comité corrupteur qui a mis à l'entreprise le bouleversement de la société, c'est aussi là qu'il s'est trouvé des hommes intègres et inébranlables qui, en brisant les instruments des complots, ont prouvé que dans la capitale des Lys, fleurissent encore l'amour de la justice et la fidélité. »

Les avocats prirent, à leur tour, la parole ; mais ceux qui avaient assumé la lourde tâche de sauver la tête des quatre principaux accusés ne furent nullement à la hauteur de cette tâche. Avocats des plus éminents par leurs talents et libéraux connus, plusieurs d'entre eux faisaient partie de la haute vente ou de ventes particulières, de sorte que ce n'était plus de simples clients qu'ils défendaient ; mais, pour ainsi dire, des complices et même des chefs qui avaient poussé ces jeunes gens à l'exaltation et au complot.

Ils devaient les défendre comme des frères, dira-t-on. Certes, oui, mais le dévouement fraternel était paralysé par le devoir de ne pas découvrir le carbonarisme et de prévenir ses chefs.

Quand Berville eut plaidé pour Baradère, Mocquart pour le capitaine Massias, Mérilhou pour Bories, Coffinières pour Goubin, Legouix pour Pommier, Rumilly pour Raoulx, Renouard pour Goupillon, Boulay de la Meurthe pour Perreton, Chaix d'Est-Ange se leva pour le soldat Bicheron. « Avec la voix, les traits d'un enfant, dit Guillon, le jeune avocat, qui n'avait que vingt-deux ans, montra dans ce procès ses brillantes qualités d'éloquence souple, imprévue, spirituelle et parfois dramatique. »

Dans sa défense de l'innoffensif conspirateur, Chaix d'Est-Ange persifla spirituellement le ministère public et visa à « dégonfler » sa pompeuse harangue.

A propos des poignards, il dit avec un sourire :

« Si Bicheron a prêté des serments, ils sont assurément moins terribles que ceux des francs-maçons ; s'il possédait un poignard, les maçons en ont aussi. J'en possède un moi-même. » Ce disant l'avocat agite sous les yeux stupéfaits de la Cour un joli petit poignard ; le scandale éclate, le ministère public trépigne.

Le président intervient seulement après la plai-

doirie, mais un léger sourire plisse ses lèvres, il
ne gronde pas : « Maître Chaix d'Est-Ange, dit-il,
la Cour vous a entendu avec intérêt et je n'ai pas
voulu vous interrompre. Mais à présent, je dois
vous rappeler que l'art. 314 du Code pénal punit
d'une amende de 10 à 200 fr. tout porteur d'arme prohibée ; or vous venez de vous avouer pos-
sesseur d'un poignard ; je vous invite à le dépo-
ser sur le bureau.

Me Chaix d'Est-Ange, — « Je vais, monsieur le
Président, vous donner une explication bien simple. Mon père était franc-maçon, je le suis moi-
même.

Le Président (avec bienveillance). — Nous pensons bien que vous ne faites pas un mauvais
usage habituel de cette arme.

Me Chaix. — Oh ! sans doute. Je ne l'ai apportée que pour les besoins de la cause. (*On rit*).
Les francs-maçons ont des poignards, et j'ai voulu prouver ce fait parce qu'il a été contesté par
M. le Président, qui, peut-être, n'est pas franc-
maçon. »

Le président fait un geste négatif, toute l'assistance éclate de rire et l'incident est clos. Mais
plus tard, dans sa réplique aux plaidoiries, l'avocat général se souviendra de cette scène amu-
sante qu'il prendra au tragique et menacera le
jeune avocat de le déférer au Conseil de l'Ordre.
M. de Marchangy veut être sérieux, solennel, et
passionné jusqu'au bout. Il profite de cela pour
reparler du poignard, et des menaces de mort qui

avaient été par lettres, par une manœuvre anonyme bien malheureuse, adressées aux membres du jury.

« Quant à Bories, s'écrie-t-il, toutes les puissances oratoires ne pourront l'arracher à la vindicte publique... Non, non ! Le crime de Bories ne s'arrête pas à Orléans, il vient de plus loin et va plus avant. »

Mérilhou, défenseur de Bories, s'empare de cette phrase malheureuse et avec un élan d'éloquence qui lui avait fait défaut dans sa plaidoirie, il s'écrie :

« Toutes les puissances oratoires ne le sauveront pas, dites-vous ? Qu'en savez-vous ? Qui vous l'a dit ? Qui vous a initié au secret des jurés ? Qui vous a révélé le nombre et la nature des preuves qui doivent faire fléchir la balance où se pèse la vie et la mort des citoyens ? Et pourquoi anticiper avec tant de chaleur sur un moment dont l'approche devrait nous plonger dans une religieuse tristesse ? »

L'attitude hautaine et implacable de l'avocat général de Marchangy n'a pas seulement provoqué l'étonnement dans l'auditoire et fait soulever par les avocats de violents incidents. Le président lui-même a dû, plus d'une fois, rappeler le ministère public à plus d'égard envers les personnes et plus de respect de la réalité des faits.

Le président de Monmerqué s'est montré magistrat intègre, impartial et bienveillant ; il a fait preuve de haute justice et de courageuse indépendance. A notre époque un magistrat en aurait-il autant ?

Le 5 septembre, les débats étant terminés, le président demande à chaque accusé s'il n'a rien à ajouter à sa défense. Bories se lève et d'une voix calme dit noblement, mais avec simplicité, s'adressant aux jurés :

« M. l'avocat général n'a cessé de me présenter comme le chef du complot... Eh bien ! messieurs, j'accepte ; heureux si ma tête, en tombant sur l'échafaud, peut sauver celle de mes camarades ! »

Ces paroles excitent sur le banc de la défense et dans l'auditoire un mouvement de pitié mêlé d'effroi.

Mérilhou saisit Bories, le force à se rasseoir et, après un vibrant appel à la justice et à l'humanité des magistrats et des jurés, d'un ton enflammé, il s'adresse à son client :

« Et vous, Bories, de quel droit venez-vous ici détourner l'ordre de la justice et faire violence à la nature ? Vos jours ne vous appartiennent pas ; ils appartiennent à la loi, qui seule peut en disposer ; laissez faire cette loi qui vous protège, cette providence qui veille sur vous. Ce consentement que vous donnez serait inutile, si vous étiez coupable ; c'est un suicide criminel si vous êtes innocent. N'avez-vous donc aucun lien qui vous attache à la vie ? Ne craignez-vous pas les larmes d'une mère ? Les regrets de l'amitié sont-ils sans prix pour vous, et cet avenir de gloire que la valeur promet aux héros, a-t-il perdu à vos yeux cet attrait tout puissant qui, dès l'enfance, vous entraînait au champ d'honneur ? Vivez, Bories, vivez pour entendre du président de cette cour cette déclaration d'innocence qui doit briser vos fers. Vivez pour répondre au ministère public par une vie utile et honorable, soit que le devoir vous appelle encore dans les combats, soit que vous rentriez dans la vie privée. Vivez pour justifier le dévouement sans réserve de votre défenseur, et pour prouver que si des présomptions peuvent amener un innocent sur le banc des accusés, elles ne peuvent prévaloir contre la lumière d'un débat et contre la raison et l'indépendance d'un jury français ».

Les débats étaient clos, le président fit le résumé de l'affaire avec tant d'exactitude et d'impartialité que la défense et le public ne purent s'empêcher d'applaudir. La simple et lucide parole du président de Monmerqué fit le plus saisissant contraste avec le réquisitoire de l'avocat général.

CHAPITRE XX

L'atroce Verdict

Une importante discussion s'éleva au sujet des questions à poser aux jurés. Ces questions étaient au nombre de vingt-sept : douze concernaient les accusés de première catégorie, les deux suivantes étaient particulières à Goupillon, enfin les treize dernières étaient relatives aux accusés de non-révélation.

Chacun des quatre cas énumérés pour la première catégorie entraînait la peine de mort ; Mérilhou demanda que l'on posât la question subsidiaire de proposition de complot non agréée qui n'aurait entraîné que le bannissement. « Cette question, dit Guillon (1), établissait d'ailleurs la situation véritable telle qu'elle eût apparu au jury, si les accusés principaux, au lieu d'obéir à leur mot d'ordre, n'avaient pas nié, contre toute évidence, les faits de société secrète et les réunions d'Orléans et de La Rochelle ; s'ils avaient avoué

_____

(1) Guillon. — *Les complots militaires*, op. cit., pp. 221-213.

ces conciliabules, on aurait pu en discuter le degré de gravité, et, peut-être, aurait-on prouvé qu'il n'en était sorti aucune résolution (1). Dans ce cas, c'était le salut. » Or, à cette heure, il n'est plus temps, et les conclusions, vivement combattues par le ministère public, sont rejetées par la Cour.

A six heures et demie du soir, les jurés entrent dans la salle de leur délibération et l'on fait sortir les accusés.

La nuit a depuis longtemps envahi la salle d'audience ; des bougies placées sur le bureau des magistrats, sur la tablette des avocats et devant les jurés ne parviennent pas à dissiper l'obscurité lugubre, hideuse, qui enveloppe l'assistance angoissée. Il est près de dix heures quand la Cour fait sa rentrée, les jurés ayant pris leur place. Leur chef, le baron Trouvé (2), se lève et, la main sur le cœur, avec une aisance et un ton de bonne compagnie qui fait frémir, prononce :

« Oui, les accusés Bories, Goubin, Pommier et Raoulx sont coupables du crime de complot, le-

(1) Les accusés en devenant carbonari avaient accepté une proposition de complot et non participé à une conspiration concertée et arrêtée entre eux.

(2) Imprimeur. Les autres jurés étaient : docteur Pavé de Courteilles ; Lannetier, artiste peintre ; de Viany, employé ; d'Arlincourt, maître des requêtes ; Perrin, Doillon, Deloynes, Rodier, Pivost et Faveret, propriétaires. Suppléants : de Rely et Dubocq.

quel embrasse à la fois les quatre buts différents spécifiés dans la question. »

Un cri d'effroi et d'horreur s'éleva dans tout l'auditoire. M. de Marchangy faisant l'office d'huissier s'écria aussitôt d'une voix menaçante :

« Taisez-vous donc ! »

« Oui, poursuivit le chef du jury, Hénon est coupable du même crime, mais à la majorité de sept voix contre cinq seulement.

» Oui, Goupillon est coupable du même crime, mais avec cette modification qu'il a révélé en temps utile.

» Oui, Labourée, Cochet, Castille, Perreton, Barlet, Lefèvre et Dariotseq sont coupables du délit de non-révélation.

» Quant aux autres accusés la réponse est négative. » (1).

La Cour se retira alors pour délibérer ; l'émotion était poignante et les voix, comme étouffées, troublaient à peine le silence de cette affreuse nuit.

(1) Assenès et Bicheron, bénéficiant de la réponse négative du jury sur l'inculpation de complot, la seule qui les concernait, il en résulta qu'ils furent acquittés, alors que d'autres, beaucoup moins compromis ou qui avaient même depuis longtemps quitté avec indignation les carbonari, comme Labourée, Cochet et Perreton, furent condamnés, simplement parce qu'ils n'étaient accusés que de non révélation. Des résultats aussi choquants attiraient déjà l'attention sur les conditions défectueuses dans lesquelles le jury doit rendre son verdict.

Soudain, l'enceinte réservée de la cour d'assises se remplit de particuliers assez mal vêtus, se confondant avec les gendarmes, et restant là où l'on faisait retirer tout le monde ; le siège de l'avocat général de Marchangy devint tout-à-coup comme un quartier général, on le vit entouré d'officiers de gendarmerie et de la ligne ainsi que de plusieurs particuliers mieux mis que les autres. M. de Marchangy s'agitait beaucoup, il parlait à chacun avec l'air de donner des ordres ; il y eut pendant tout ce temps un mouvement perpétuel d'allées et venues qui aboutissaient à lui.

La douleur était au barreau ; on agitait les moyens de protester contre les déclarations du jury ; on parlait de l'article 342 du code d'instruction criminelle qui donne à la Cour, dans certains cas, le droit d'annuler ces déclarations, mais on faisait observer que nul n'avait le droit de provoquer cette mesure ; cependant, une lettre fut remise au président pour attirer son attention sur ce point. On ne sait si la Cour s'en est occupée.

Il était plus de onze heures quand celle-ci rentra en séance. Lorsque le président annonça que la majorité des juges s'était réunie à la minorité du jury pour prononcer la non-culpabilité de Hénon, un cri de satisfaction se fit entendre, et les regards se portèrent sur les jurés comme pour les accuser.

Le président ordonna d'introduire les accusés absous par le jury. Chaque fois que les accusés se rendaient devant la Cour, tous étaient minutieusement fouillés ; cette fois, le capitaine Massias et Baradère, qui, l'un et l'autre, pendant l'instruction comme pendant le procès, avaient invariablement opposé les dénégations les plus absolues à tous les reproches de l'accusation, Gauran, Rozé, Hénon, Assenès, Bicheron, Lecoq, Gauthier, Demait, Hue, Thomas et Dutron passèrent successivement devant les gardiens sans subir la visite règlementaire.

Le président prononça leur acquittement qui leur apprenait la condamnation de leurs co-accusés. Alors on les vit fondre en larmes. Baradère demanda la parole ; il voulait solliciter la grâce de n'être pas séparé sur le champ des accusés reconnus coupables ; un des avocats généraux lui cria d'une voix forte : « Vous n'avez pas la parole ! » Aussitôt on l'entraîna hors de la salle.

Quand on appela à leur tour les autres accusés, ils eurent à subir la fouille la plus minutieuse avant d'entrer dans la salle reprendre leurs places avec l'attitude la plus calme.

Goupillon, qui ne comprenait pas qu'il se trouvait dans une position toute particulière qui le sauvait de la condamnation, se croyant comme les autres condamné à mort, avait croisé les bras et attendait, en le bravant, l'arrêt fatal. Quand, enfin, il connut qu'il était sauvé, il se mit à pleurer sur le sort des condamnés.

Le greffier donne lecture de la déclaration du jury. Quand le *oui* fatal est prononcé pour Bories, un cri de douleur éclate. Ce cri, ce n'est pas Bories qui l'a poussé.

L'avocat général requiert, contre les accusés, les peines édictées par la loi. Bories demande alors la parole et d'une voix assurée :

« Monsieur le Président, dit-il, nous vous demandons de ne point être séparés. Cette grâce est bien peu de chose, nous pensons qu'on ne nous la refusera pas. »

Cette grâce ne pouvant être accordée que par l'autorité administrative, le président promet de transmettre cette demande d'une manière simplement officieuse, car c'est en dehors de ses attributions.

L'avocat Berville demande alors la parole, mais ne peut se faire entendre tellement sa voix est étranglée par la douleur. Il tombe affaissé sur son banc.

« Parlez plus haut, je n'entends pas, lui crie l'avocat général de Marchangy.

— Comment voulez-vous qu'il ait la force de parler, réplique M⁰ Renouard.

— C'est dans l'intérêt de son client, insiste de Marchangy.

— Tout le monde n'a pas même puissance d'organe dans un si triste moment » lui lance Boulay de la Meurthe.

M⁰ Berville, rassemblant ses forces, fait enfin remarquer que les réponses du jury présentent quelques contradictions et prie la Cour de surseoir au prononcé de l'arrêt. Ce à quoi de Marchangy s'oppose ; la Cour se retire pour délibérer sur l'arrêt.

Les quatre jeunes sous-officiers attendirent sans émotion le terrible verdict. Ce fut surtout dans ce moment qu'ils développèrent toute leur force d'âme. Tout le monde sanglotait autour d'eux, ils consolaient tout le monde. Les gendarmes eux-mêmes manifestaient leur émotion.

Pommier, Goubin, Raoulx étaient héroïques ; jamais Bories n'eut plus de présence d'esprit et d'à-propos. Il fit plusieurs réflexions sur des personnes qu'il connaissait dans la salle. Voyant à côté de lui un gendarme qui avait autrefois servi avec lui dans la Garde royale, il lui fit des plaisanteries sur son ancienne position en comparaison de celle d'aujourd'hui, puis, après un silence, il ajoutait, moitié sérieux, moitié riant : « J'aurais pourtant préféré périr sur un champ de bataille pour ma patrie... »

M⁰ Mocquart lui ayant fait un signe de profonde pitié, Bories lui dit : « Non, non, il n'y a qu'un criminel qui tremble, et le cœur ne me bat pas. Cette condamnation n'est point déshonorante pour nos familles... C'est comme pendant la révolution ». Puis il se dépouilla de sa montre, d'une bague, d'une épingle et les remit à son avocat en lui disant : « Venez prendre dans ma prison une figure moulée que je voudrais bien faire parvenir à mon père. Cette figure est la mienne ; dans quelques jours, c'est tout ce qui restera de moi. »

« Tout ce qui me fâche, dit Raoulx, c'est l'appareil de la guillotine. Si c'était la fusillade, j'irais comme à l'exercice.

— Moi aussi, répond Bories, je voudrais conserver ma tête. Mais qu'y faire ? »

Goubin ayant prononcé le nom de son père, Raoulx lui dit : « Moi, c'est ma mère que je plains. »

Mais, voici la Cour. Le silence se fait, profond, religieux ; le président prononce l'arrêt qui condamne Bories, Pommier, Goubin et Raoulx à *la peine de mort*, exempte Goupillon de la même peine et ordonne qu'il restera pendant quinze ans sous la surveillance de la haute police et qu'il donnera 1.000 francs de caution.

Les accusés de non-révélation : Castille, Lefèvre, Dariotseq sont condamnés à cinq ans de prison ; Barlet à trois ans et Labourée, Cochet et Perreton à deux ans de la même peine.

Le président ayant déclaré la séance levée, Bories lui dit d'une voix toujours calme mais instante :

« Monsieur le Président, l'impartialité que vous avez mise dans votre résumé m'autorise à vous prier de nouveau de faire que nous ne soyons pas séparés. »

Lorsque les gendarmes emmenèrent les condamnés, une scène très émouvante se produisit entre ceux-ci et leurs défenseurs ainsi qu'avec quelques personnes qui avaient pu s'approcher d'eux. Quand on les arracha aux dernières étreintes, Pommier s'écria : « Adieu ! mes amis, adieu vous tous, nous sommes innocents. »

Et Bories ajouta : « La France nous jugera !... Finir sa carrière à vingt-sept ans, c'est bien tôt. Adieu ! Adieu ! »

Avant de quitter ses camarades condamnés seulement à la prison, il leur avait dit : « Vous autres, vivez pour nous venger ! »

Ils sentaient bien alors que toutes leurs attitudes, toutes leurs paroles devenaient historiques et, tant qu'à mourir, ils voulaient faire bonne figure devant la postérité.

Quand les gendarmes les entraînèrent, les quatre sergents se précipitèrent encore une fois dans les bras de leurs défenseurs qui se pressaient autour d'eux.

Quand on évacua la salle, il était une heure et demie du matin.

Les scènes poignantes dont fut témoin le Palais de Justice pendant et surtout à la fin du procès furent interprétées diversement par l'opinion publique pendant que tout Paris était dans l'effroi à la suite de la redoutable sentence.

« Comédie de parti, mise en scène politique ! » ont dit quelques amis exclusifs de la Restauration. « Cette douleur était sincère, écrit de Vaulabelle ; un autre intérêt qu'une frivole curiosité retenait dans la salle le plus grand nombre d'assistants tant avocats que simples spectateurs. Entrés dans la même voie que les condamnés, engagés dans les mêmes projets, associés aux mêmes

actes, à la même responsabilité, unis pour courir
le même sort, ils allaient se séparer, ceux-ci pour
retrouver leurs familles, leurs amis, pour conserver toutes les chances d'un long avenir, d'une
haute fortune ; ceux-là, les plus jeunes, les plus
humbles, pour monter à l'échafaud. »

CHAPITRE XXI

L'Exécution

Les défenseurs, quoique peu convaincus du succès, engagèrent les condamnés à signer leur pourvoi en cassation ; Pommier, Goubin et Raoulx signèrent, mais Bories refusa, non par forfanterie, mais parce qu'il était absolument persuadé de l'inutilité de cette démarche et décidé au sacrifice de sa vie. Ce que voyant, ses trois camarades s'empressèrent d'envoyer au président leur désistement ; mais, cet acte, n'ayant pas été fait selon les règles de la procédure, n'eut aucune valeur.

Le dévouement inlassable des avocats, l'amitié de fidèles compagnons, l'appel au nom des familles désolées eurent seuls raison de l'obstination de Bories et de ses trois camarades. Ils signèrent, toutefois, sans la moindre conviction, sans la moindre lueur d'espoir, Bories dit, cependant, comme dans l'hypothèse d'une chance dans la cassation : « Alors, je parlerai... » Qu'entendait-il par ces mots ? Il est bien difficile de le conjecturer.

Tandis que les sept condamnés à la détention étaient dirigés vers la prison de Poissy, les quatre sergents condamnés à mort étaient conduits à Bicêtre pour y attendre l'exécution de la fatale sentence.

« L'exécution de cette sentence devenait évidemment l'arrêt de mort de la Charbonnerie elle-même, a écrit l'historien des *Deux Restaurations*. Une telle immolation ne jetterait pas seulement le découragement et la désorganisation dans le sein de la société ; le prestige de puissance mystérieuse qui constitue son principal élément d'influence et d'action se trouverait détruit. Chaque vente parisienne se déclara aussitôt en permanence pour sauver les condamnés ».

Déjà, lorsque Bories et ses compagnons étaient enfermés à la Force, avant le procès, une tentative d'évasion bien imaginée avait failli réussir. Maintenant, on proposait l'enlèvement des condamnés, soit en rase campagne lorsqu'on les ramènerait à Paris, soit sur le chemin de la Conciergerie à la place de Grève, où devait avoir lieu l'exécution. Tous ces projets furent abandonnés, lorsqu'un jeune élève en médecine qui étudiait à l'amphithéâtre de Bicêtre, Guillé-Latouche, vint annoncer à Lafayette qu'il croyait pouvoir obtenir l'évasion de Bories et des trois autres, avec l'aide du directeur même de la prison, père d'une nombreuse famille et qui n'avait qu'un modique traitement de 3.000 francs. Ce fonctionnaire promettait son concours à l'évasion des prisonniers moyennant un capital lui assurant un revenu égal à son traitement.

La Charbonnerie s'était imposée de grands sacrifices depuis plus d'un an, cependant ses principaux membres n'hésitèrent pas à en faire un nouveau ; soixante-dix mille francs furent réunis par Guillé-Latouche et par un autre étudiant en chirurgie, interne à Bicêtre, nommé Morge, ainsi que par les colonels Dentzel et Fabrier, par les peintres Ary-Scheffer et Horace Vernet, secondés par d'autres personnes. Certains se chargeaient de faire passer les condamnés en Angleterre, de même que le directeur de la prison et son oncle, un vieux prêtre remplissant les fonctions d'aumônier. Le directeur, ne voulant pas abandonner le vieillard, lui fit part du projet. Fâcheuse inspiration ! Le prêtre s'en fut mettre le préfet de police au courant de la machination. Mandé devant ce magistrat, le directeur changea immédiatement de rôle, avoua les faits, expliqua son silence, si bien qu'on lui donna l'ordre de continuer de paraître se prêter à l'évasion. Au jour indiqué pour le coup de main, les deux élèves en chirurgie vinrent dans la chambre du directeur et déposèrent sur la table une somme de 10.000 francs en or et 60.000 francs en billets payables après l'évasion. A cet instant, un maréchal des logis et deux gendarmes, postés près de la chambre, entrèrent brusquement. A leur vue, l'étudiant Latouche se précipita vers une porte, descendit l'escalier comme un bolide, alla se cacher dans l'amphithéâtre de dissection dont il connaissait tous les moindres coins et s'y déroba ; le lendemain, à la pointe du jour, il franchit le mur du cimetière de l'hospice, entra dans Paris et fit remettre par un de ses amis au colonel Dentzel les 60.000 francs qu'il avait sauvés.

La dernière chance était perdue définitivement.

Le 21 septembre, à huit heures du matin, on avertit les quatre sergents d'avoir à se préparer.

Deux voitures et un piquet de gendarmes à cheval attendaient dans la grande cour de Bicêtre. On les fit monter tous quatre dans la plus petite des voitures avec trois gendarmes armés. La plus grande voiture prit les devants, escortée bien que vide. C'était là une précaution prise pour donner le change, en prévision de quelque coup de main pour délivrer les prisonniers.

A dix heures, les voitures entraient à la Conciergerie, les condamnés furent placés dans des cellules séparées. L'aumônier, le vénérable abbé Montès, se présenta à Goubin, à Pommier et à Raoulx qui refusèrent avec déférence les secours de la religion ; il s'abstint d'aller voir Boriès qui était protestant.

Restés seuls les condamnés s'endormirent profondément et ne furent réveillés qu'à quatre heures pour la toilette funèbre. Ils avaient demandé de se couper les cheveux les uns aux autres ; mais cette faveur leur fut naturellement refusée, dans la crainte du suicide.

L'heure fixée était passée et le départ semblait

avoir été différé : c'était pour permettre des révélations tardives que l'on ne voyait pas venir. Alors le président des assises et le procureur général les sollicitèrent en vain : les condamnés n'avaient rien à dire.

A cinq heures moins un quart, quatre charrettes sortirent de la Conciergerie et se dirigèrent vers la place de Grève. (1)

Presque toute la garnison de Paris était sous les armes et de nombreux détachements de gendarmes parcouraient les rues aboutissant au parcours du cortège. Quelques carbonari parsemés dans la foule attendaient fébrilement un signal qui ne fut pas donné.

Arrivé au pied de l'échafaud, Raoulx, descendu le premier de la charrette, demanda à embrasser ses camarades et cette faveur ne lui fut pas refusée : une gravure a popularisé cette suprême accolade au pied de l'échafaud.

Puis Raoulx monta lestement les degrés, et pendant que les aides de l'exécuteur l'attachaient à la bascule, il cria d'une voix forte : « Vive la Liberté ! »

Goubin et Pommier montèrent avec la même résolution. Quant à Bories, toujours maître de lui, il se tourna vers la foule et, calme, d'une voix assurée, « Rappelez-vous que c'est le sang de vos fils qu'on fait couler aujourd'hui ! », s'écria-t-il.

(1) Maintenant place de l'Hôtel-de-Ville.

Quelques secondes après, le quadruple supplice était consommé (1).

« C'est par cette mort dramatique et touchante, a écrit Guillon, que les quatre sergents de La Rochelle sont entrés dans le cœur du peuple et qu'ils y restent. Le peuple ne s'est pas demandé si ces soldats n'ont pas failli au devoir militaire, si leur procès ne diminue pas leur légende. Il n'a vu en eux que la jeunesse héroïque, la fraternité jusque dans la mort, le dévouement absolu à la Liberté. »

L'exécution des quatre sergents de La Rochelle est devenue en effet une légende profondément ancrée dans le peuple parce qu'elle retrace les douleurs, les combats et les sacrifices de tous ceux qui sont tombés pour l'avènement de cette Liberté au nom de laquelle on a fait tant de révolutions, cette Liberté idéale, dont on lui fait trop souvent entrevoir des charmes illusoires.

(1) Par une rencontre fortuite, une fête avait été organisée le même soir aux Tuileries et le gouvernement ne songea point à la faire ajourner. Ses adversaires en tirèrent un très grand parti et l'on fit croire au peuple que cette coïncidence avait été voulue. C'est par des maladresses de ce genre que la Restauration se rendit impopulaire.

L'Exécution. — Gravure de l'époque.

CHAPITRE XXII

Ce que devinrent
les autres acteurs du drame.
Conclusion.

Les corps des quatre victimes avaient été transportés au cimetière de Montparnasse pour y dormir le dernier sommeil, mais les rigueurs de la justice n'étaient point apaisées.

Les débats de l'affaire en cour d'assises terminés, surgirent devant les tribunaux d'autres affaires engendrées par elle.

Immédiatement après que l'arrêt eût été rendu, le *Constitutionnel*, le *Courrier Français*, le *Journal du Commerce* et le *Pilote* furent poursuivis pour compte rendu infidèle et de mauvaise foi des séances de la Cour d'assises, notamment de la dernière, et tous furent condamnés.

Pendant le cours des débats, des lettres contenant la liste imprimée des jurés et quelques-unes des menaces et des injures manuscrites furent adressées aux magistrats, au ministère public, aux jurés, aux femmes de ceux-ci et à des habitants de Paris. Il en fut semé dans les rues, il en fut même jeté à la volée au Théâtre des Italiens.

La justice s'empara de l'affaire, car la police, à ce qu'il paraît, avait découvert, par l'inspection des caractères, l'imprimerie où les listes avaient été imprimées, puis les ouvriers typographes chargés du travail. Ceux-ci indiquèrent un sieur Meurice qui fut arrêté. Par les aveux de celui-ci cinq autres personnes furent compromises, arrêtées et condamnées.

Meurice, qui devant la Cour avait rétracté ses aveux, fut condamné à six mois de prison et cent francs d'amende, un autre encourut la même peine. Un seul parvint cependant à établir un alibi. Quant aux autres, ils étaient passés à l'étranger, où ils restèrent jusqu'à ce que fût prescrite l'action intentée contre eux. Tous foncièrement honnêtes, ils avaient, à ce jeu, sacrifié leur avenir, notamment un nommé Marchand qui était sur le point de traiter d'une étude de notaire. A l'expiration de sa peine, il se fit fabricant d'aiguilles, dites *à l'Aigle*, ne réussit pas, végéta jusqu'à la Révolution de Juillet, qui lui valut une Justice de Paix de Paris. C'était un homme de mérite. Quant à Meurice, il partit pour l'Afrique, tomba entre les mains des Arabes et ne tarda pas à mourir après avoir beaucoup souffert.

Sous la monarchie de Juillet, les condamnés qui avaient fait leurs années de prison et ceux qui avaient été acquittés par la Cour bénéficièrent de quelques faveurs Le capitaine Massias n'avait cessé d'être persécuté par l'administration ; on lui refusait constamment le passeport nécessaire pour exercer la profession de commis-voyageur. Enfin après les Journées de Juillet, il se décida à demander sa réintégration dans l'armée.

« La pétition du capitaine Massais, écrivait Lafayette, mérite bien d'être prise en considération. La demande qu'il fait ne sera qu'un faible dédommagement, si elle lui est accordée ».

Elle le fut, et, le 11 septembre 1830, Massias était non seulement réintégré, mais promu au grade de commandant au 54e de ligne. Le pauvre homme ne jouit pas longtemps de cette position ; deux ans après, presque jour pour jour, le 3 septembre 1832, il succombait à Angers, où il tenait garnison.

Deux des condamnés pour non-révélation, Castille et Dariotseq, crurent pouvoir adresser au roi Louis-Philippe un placet pour solliciter la croix de la Légion d'honneur, car, disaient-ils, ils avaient contribué par leur conduite dans le complot à son avènement et souffert pour la liberté. Cette faveur ne leur fut pas accordée.

Quant au délateur Goupillon, il continua à être le même individu impondéré. Placé par le jugement sous la surveillance de la haute police, il fut astreint à la résidence ; il était en conséquence établi à Champron, près de Dreux, lorsqu'en 1830, après la chute du gouvernement qu'il prétendait avoir combattu, il fut élu chef de la

garde nationale de ce bourg. Mais, son inconséquence habituelle lui fit écrire une lettre au ministre, pour faire valoir les services qu'il disait
avoir rendu à la cause de la Liberté et dans laquelle il rappelait sa conduite à La Rochelle et il
signa : *Goupillon, ex-sergent, capitaine de la
Garde Nationale de Champron.*

L'avocat Mérilhou, qui était devenu ministre
de la Justice, ayant appris le fait, le fit immédiatement destituer. Ce ne fut pas le seul déboire du
délateur, car en avril 1841, il crut devoir porter
plainte contre le *Club des Droits de l'Homme*,
qui demandait son expulsion de France. Ce qui
n'eut pas lieu, mais Goupillon garda depuis un
silence prudent.

On ne doit pas oublier de mentionner ici la fin
du général Berton, victime de son entêtement et
de son imprudente confiance. Malgré les avis des
personnes qui l'avaient nourri et caché, au lieu de
prendre la route d'Espagne, il revint vers Saumur,
le foyer de sa première conspiration. Tout était
prêt pour tenter de nouveau l'aventure lorsqu'il
fut trahi et livré par un nouveau Judas qui avait
feint d'entrer dans le complot. Traduit devant
la Cour d'assises à Poitiers, privé de la liberté de
se défendre, il fut condamné à mort et exécuté
le 5 novembre 1822. Sa dernière parole fut comme
celle des quatre sergents : pour la Liberté.

Le 19 novembre suivant, l'affaire de la tentative d'évasion de Bicêtre fut appelée en correctionnelle et le colonel Dentzel fut condamné à

quatre mois de prison et cinq cents francs d'amende ; les deux étudiants en chirurgie, chacun à trois mois de prison et cent francs d'amende.

« Si ces jeunes gens, a écrit l'un des avocats, Boulay de la Meurthe, si les colonels Fabvier et Dentzel se dévouèrent de la sorte, si le gouvernement, si le ministère public montrèrent une si grande animosité dans la poursuite des accusés de La Rochelle et contre la publicité que les journaux indépendants donnèrent à cette affaire, c'est qu'aucune autre du même genre n'impressionna autant l'opinion publique. Indépendamment de l'intérêt que ces quatre sous-officiers inspiraient par leur courage, leur dévouement, leur noble caractère, on croyait généralement à leur innocence ».

Et il ajoute cette déclaration :

« Moi-même, au moment où j'écris ces lignes, après 33 ans, je déclare dans mon âme et conscience, ayant étudié avec tout le soin dont je suis capable les faits et les questions de droit de cette cause, que leur condamnation fut le résultat non pas de leur culpabilité, mais des vues politiques sous l'influence desquelles agissait alors le gouvernement. Sans doute, ces jeunes gens n'étaient pas ses amis, il est probable que, le cas échéant, ils auraient pris parti contre lui. Mais le concours de circonstances légales qui seul pouvait constituer le complot de leur part n'existait pas. Leur mort fut donc un crime politique. La Restauration en porta la peine et nul des sacrifices sanglants de cette époque ne contribua plus que celui-là à la faire rejeter par la nation ».

Crime politique, c'est beaucoup dire. Le gouvernement menacé par des tentatives incessantes aux quatre coins du royaume était bien obligé de se défendre par une répression énergique. Ce qui fut pitoyable, c'est que ce ne furent pas les vrais auteurs de ces conspirations qui allèrent à la mort, à cette mort à laquelle ils avaient envoyé ces victimes, si sympathiques par leur jeunesse, leur sacrifice, leur fière attitude pendant le procès et devant la guillotine. Pendant ce temps les vrais coupables se terraient en attendant les temps meilleurs dont ils devaient profiter.

Après les lignes précédentes, Boulay de la Meurthe, parvenu à la vice-présidence de la seconde République, aux côtés du prince président Louis Bonaparte, ajoute avec émotion :

« Bories, Pommier, Goubin et Raoulx furent inhumés au cimetière du Montparnasse, au lieu réservé à la sépulture des suppliciés. Cet emplacement, tout dénudé qu'il était sous le gouvernement des Bourbons de la branche aînée, fut deviné par le sentiment public et constamment couvert de couronnes.

» Quand éclata la Révolution de Juillet, la sympathie publique fit explosion d'elle-même, sur ce même emplacement s'éleva une colonne qui aujourd'hui encore (1846), disparaît en quelque sorte sous les fleurs perpétuellement renouvelées. Leurs bustes furent promenés dans Paris. Le théâtre rappela longtemps leur dévouement à la foule et des pensions furent accordées à leurs plus proches parents.

» Je me mêlai obscurément à ces honneurs, j'avoue que ce fut pour moi une satisfaction intime ».

Bien que l'oubli se fasse un peu, après cent ans, le monument des quatre sergents a toujours des visites fidèles. Mais c'est de moins en moins l'esprit de parti qui veille sur leur tombeau. Avec l'éloignement du temps, on ne voit plus que la touchante image de quatre jeunes hommes allant avec joie à la mort pour un idéal. Et tous ceux qui, dans nos temps peu héroïques, ont encore au cœur eux aussi une petite flamme, n'ont devant leur souvenir qu'à s'incliner bien bas.

APPENDICES

—

I. — *Le soldat Lefèvre*

—

Simon-Isidore Lefèvre était né à Paris, le 22 octobre 1796 (1) ; ses parents, simples ouvriers, le mirent de bonne heure en apprentissage chez un maître imprimeur. A peine âgé de dix-neuf ans, le jeune ouvrier, préférant l'air libre à celui de l'atelier, entrait le 22 mai 1815 au 32ᵉ régiment de ligne de l'armée des Cent-Jours. Licencié après Waterloo, Lefèvre, qui avait pris goût au métier militaire, s'enrôla de nouveau volontairement dans l'armée royale, le 24 juillet 1816, à la *Légion d'Eure-et-Loire* (45ᵉ de ligne).

Ce ne fut pas un soldat modèle, mais plutôt ce qu'on appelle aujourd'hui un « tire au flanc », à en juger par

(1) Fils de Julien-Michel Lefèvre et d'Anne-Geneviève Grimault, né le 22 octobre 1796 à Paris (contr. du 45ᵉ d'inf., arch. du Min. de la G.)

les annotations du contrôle du corps. Promu fourrier de voltigeurs, le 2 juillet 1819, il était, trois mois plus tard, porté déserteur et rayé des contrôles le 20 octobre. Ramené par la gendarmerie, le 1er novembre, il comparut devant le premier conseil de guerre de la 16e division militaire qui voulut bien admettre ses explications et bénévolement l'acquitta, ce qui lui permit d'être réintégré dans sa compagnie en conservant son grade. Mais, un an n'était pas encore écoulé, que Lefèvre manquait encore à l'appel et ne rentrait qu'au bout de trois mois. S'il ne fut pas puni, c'est qu'il démontra qu'il avait obtenu un congé régulier que l'on avait omis d'inscrire, ou bien que lui-même avait oublié cette importante formalité.

Voilà toute la carrière militaire de Lefèvre, simple fusilier et non pas sergent, ainsi que d'aucuns l'ont qualifié à tort ; elle n'a rien de brillant comme l'on voit.

En se disant ami du sergent Bories, il exagère ; il ne fut qu'un simple « camarade de régiment », au sens strict du mot, ce qui n'est pas la même chose. La différence de grades, sans toutefois être un obstacle, n'était point à cette époque pour les rapprocher, et bien qu'ils fussent du même bataillon, Bories était sergent major de la 2e compagnie, tandis que Lefèvre était simple fusilier à la 6e, après avoir été caporal-fourrier de celle des voltigeurs.

La différence de caractère, autant que celle de la conduite, ne favorisait nullement la confiance, l'abandon mutuel. Bories sérieux, réfléchi, méditatif même, ne pouvait sympathiser avec un impondéré, un frivole

de moralité élastique tel que Lefèvre, gouailleur, avantageux, loquace, amuseur, tout à la galerie, un vrai
« type » parisien, la chanson aux lèvres, la jambe légère, toutefois moins que la tête.

Lui, l'ami, le confident de la première heure ? C'est
impossible. Il voudrait faire croire qu'il fut l'un des
premiers, sinon le premier adepte de Bories, presque
un *carbonaro* avant la lettre. Mensonge que tout cela
et lui-même le reconnaîtra.

« J'ai été reçu (carbonaro), déclare-t-il à la Cour
d'assises, le même jour que Goupillon, par Goubin
qui m'a fait prêter serment sur un poignard de ne pas
révéler les secrets de la société ; on me dit que le but
de la société était de défendre la liberté. »

Si donc il a été reçu en même temps que le sergent
Goupillon, c'est qu'il n'était pas *carbonaro* de la première heure et l'on n'aurait pas eu besoin de lui expliquer le but d'une société dont il prétend avoir fait
partie depuis sa fondation. Fouquier, auteur d'une
brochure populaire sur *Les Quatre Sergents*, a bien
remarqué cela, et il est le seul, du reste : « Nous signalons la contradiction, dit-il, sans avoir l'intention de
l'expliquer. »

Avec un peu d'attention, en lisant la brochure de
Lefèvre, Fouquier aurait trouvé cette explication dans
Lefèvre lui-même, en constatant les hâbleries, les invraisemblances, les mensonges, en un mot, de ce conspirateur, muet d'abord, devenu loquace, *vingt-trois
ans après* les événements, alors que les principaux acteurs n'étaient plus là, ayant payé de leur tête le fait
d'une étrange conspiration, et que les autres acteurs ou

comparses avaient cherché l'oubli dans le silence ou la retraite après l'expiration des peines qui leur avaient été infligées.

Personne, que nous sachions, n'a élevé la voix pour protester contre les histoires de Lefèvre ; personne n'a fait remarquer que cet obscur conspirateur, cet ouvrier inactif de la dernière heure ne se révélait que pour se vanter, se glorifier d'un rôle qu'il n'avait pas joué et qu'il ne pouvait pas jouer.

II. — *Extraits des souvenirs inédits du Comte H. Boulay de la Meurthe, ancien Vice-Président de la République en 1848.*

L'éloquente, brève et solennelle déclaration qu'on a lue précédemment n'est pas la seule page que le comte Boulay de la Meurthe ait écrite à propos de l'affaire des quatre sergents de La Rochelle. Aussi, pour clore cette étude, il a paru convenable de reproduire les quelques pages écrites par lui à propos de ses rapports avec les condamnés.

Défenseur du soldat Perroton, il ne se contenta pas uniquement de défendre son client, il prit plus d'une fois la parole pour la manifestation de la vérité, pour la liberté de la défense, le respect des personnes et l'application de la jurisprudence, car, sur ce point, son autorité était incontestée.

Ces notes sont de deux époques, les unes sont des impressions du moment, les autres des souvenirs vivaces gravés en son esprit, enfin les dernières sont l'expression de ses actes alors qu'il était parvenu au gouvernement.

NOTES

La mère du malheureux Raoulx avait ignoré, jusqu'au moment où il fut traduit devant la Cour d'Assses, que son fils fût impliqué dans une conspiration. Lorsqu'elle vit le nom de Raoulx sur les journaux, dans l'incertitude où elle était que ce fût son fils, elle écrivit à une personne à Paris, en lui demandant de prendre des renseignements. Par le plus pur hasard, cette lettre fut remise à M. Boulay de la Meurthe, un des défenseurs, avec prière de la montrer à Raoulx. Il y avait longtemps que celui-ci n'avait reçu de lettres de sa mère, il n'avait pas osé lui écrire, craignant qu'elle ne fût mécontente ; quand enfin il vit son écriture : « O ma mère, ma pauvre mère ! » s'écria-t-il avec la plus grande énergie.

« Oh! Monsieur, dit-il, s'adressant au défenseur. Quel bonheur. » Il lut la lettre avec rapidité, et quand il vit les témoignages de tendresse que sa mère y donnait pour lui, deux ruisseaux de larmes coulèrent de ses yeux. « Elle ne m'en veut pas ! s'écria-t-il encore. Ma mère m'aime toujours, je puis mourir heureux ! »

Il est impossible de dire l'accent avec lequel Raoulx s'exprimait ; les yeux des défenseurs témoins de cette scène étaient baignés de larmes.

Quelques moments après, avant que M. Boulay de la Meurthe ne se retirât, Raoulx, sachant que l'on devait dans l'audience du jour même s'occuper aux débats d'une circonstance qui semblait impliquer son honneur, entretenait le défenseur de cette circonstance et lui demandait des conseils. « Le fait est faux, disait-il, s'il n'attaquait que ma vie, je n'insisterais pas pour le relever, mais il attaque mon honneur ». A l'audience, quand il fut question de cette circonstance, Raoulx fit remarquer plusieurs contradictions dans les témoignages qui en déposaient, mais il le faisait en s'indignant, il n'était pas maître de lui; toutes les fois qu'il ne s'agissait plus que de sa vie, il devenait calme.

Il entendit presque avec indifférence la lecture de la déclaration du jury. Pendant que la Cour délibérait sur l'application de la peine, Bories, qui se trouvait près de lui, disait à Goubin : « Vous êtes très malheureux puisque votre père est ici ». « Pour moi, dit Raoulx, je ne plains pas mon père, il est homme... mais ma mère... ! » Puis tout-à-coup il appela M. Boulay de la Meurthe. « Monsieur, lui dit-il, vous m'avez témoigné tant d'intérêt quand vous m'avez apporté une lettre de ma mère... Voudriez-vous lui écrire, pour lui apprendre ma condamnation ? Dites-lui bien surtout que je meurs innocent et digne d'elle. »

En parlant, il ne pleurait pas, mais on voyait que la douleur l'étouffait. Il se remit bientôt et entendit avec impassibilité la sentence mortelle. Quand les gendarmes firent mine de l'entraîner, il voulut ainsi que ses compagnons de mort embrasser encore une fois tous les défenseurs qui l'entouraient ; puis s'adressant au public, il s'écria en sortant : : Adieu, mes amis ! nous tous sommes innocents, la France nous jugera ! »

Pommier témoignait aux défenseurs une confiance entière. Il leur avouait ingénument qu'il y avait dans ses déclarations à l'audience plusieurs inexactitudes commises pour le besoin de la défense, mais on lui a toujours entendu répéter, jusqu'au dernier moment, que ce qu'il avait dit du général D... était vrai. Ce général l'avait interrogé pendant six heures, et s'y était pris de toutes manières pour obtenir de lui l'aveu qu'il fut coupable, et surtout qu'il eut des bourgeois pour complices, lui demandant instamment de les nommer ; il avait employé tour à tour la flatterie, la menace, il lui avait offert de l'or et lui avait montré une liste de membres d'un conseil de guerre où figurait comme président M. le G. de T. S. C., lui disant qu'il le traduirait devant ce conseil dont il était sûr et que, dans les vingt-quatre heures, il serait fusillé. Il lui avait affirmé aussi que Borics avait fait des révélations et que plusieurs co-accusés qu'il nommait avaient fait des révélations dans un temps où Goupillon était encore le seul qui eût parlé. Il était allé jusqu'à lui dire que lui-même D... était *Carbonaro*, qu'il allait livrer Nantes, et que ce n'était que pour le bien de la chose qu'il l'interrogeait. Enfin voyant que Pommier s'obstinait à tout nier, il le menaça de faire arrêter son père vieux et infirme, et l'effraya de l'image de ce père mourant de honte et de chagrin. Ce ne fut qu'alors et après six heures d'interrogatoire que Pommier céda. Il répondit, « Oui » à tout ce qu'on lui demandait et en dit plus qu'il n'y en avait, en effet.

Le langage des autres accusés était conforme à celui de Pommier en ce qui concerne le même général.

Parmi tous les accusés militaires, Bories était celui qui se distinguait le plus par son esprit, sa force d'âme et de tête, et sa facilité à s'exprimer. Il n'était pas moins recommandable par les qualités de son cœur, aussi tous ses camarades avaient pour lui un attachement et une confiance sans bornes. Ils déféraient toujours à son avis et étaient prêts à se sacrifier pour lui, comme lui-même était prêt à se sacrifier pour les sauver. Chaque jour les défenseurs qui se rendaient à la prison étaient témoins de quelque nouveau trait de générosité et de grandeur d'âme. Sans cesse, ils avaient à admirer leur calme, leur courage et leur sérénité. Plus le moment fatal approchait et plus ils semblaient l'attendre avec résignation ; ils ne s'abusaient pas sur leur position.

Le dernier jour et dans le temps même que les jurés délibéraient sur le sort des accusés, deux défenseurs, dont Boulay de la Meurthe, se rendirent à la prison et demandèrent à voir Baradère et Bories ; ils passèrent avec eux des moments terribles. Bories causait des choses les plus insignifiantes et le faisait avec son esprit ordinaire. Les défenseurs, de leur côté, cherchaient à faire intervenir dans la conversation des choses rassurantes sur l'issue du procès : Bories, devinant leurs intentions, leur dit : « Vous avez beau faire, je ne m'abuse pas sur mon sort ; dès le commencement, je me suis dit que je n'étais pas en présence de juges, mais en présence d'un parti. »

Tout-à-coup, la cloche fatale, annonçant la reprise de l'audience, vint à sonner, il fallait se séparer, on s'embrassa étroitement, et l'on se retira pour se retrouver un moment après. Les défenseurs étaient saisis d'attendrissement et d'admiration.

Quand je fus élu vice-président de la République, je reçus au nom de la mère de Raoulx une lettre écrite par son neveu et conçue dans ces termes :

A Monsieur Boulay de la Meurthe,
Vice-Président de la République.

Monsieur,

Permettez-moi de reporter vos souvenirs en 1822 à l'époque du complot des sergents de La Rochelle.

Neveu de l'un d'eux, Raoulx, le courage et le dévouement dont vous avez fait preuve dans sa défense, la bienveillance si active et si efficace que vous avez montrée pour obtenir une pension en faveur du malheureux père de Raoulx, font que je m'adresse naturellement à vous.

Je vous écris au nom de la mère du sergent Raoulx, aveugle, et de sa famille désolée, que la mort de Raoulx père vient de laisser dans le plus complet dénuement en les privant de la faible pension de mille francs dont il jouissait depuis 1830.

Si votre interposition auprès de Monsieur le Président de la République et de Monsieur le Ministre de l'Intérieur peut être efficace, je vous demanderai votre bienveillance pour tâcher d'obtenir, en faveur de la mère de Raoulx, la continuation de la pension qui est sa seule ressource.

Si l'affreux malheur causé par la mort d'un mourant pour la liberté, si le poids de la réprobation publique qui pesa longtemps sur la famille de Raoulx, si des larmes continuelles versées au souvenir toujours vivant de la noble victime, peuvent rendre digne d'une récompense civique, la mère de Raoulx en est digne. Votre cœur, Monsieur, et votre patriotisme comprendront cela et j'attends avec confiance.

J'ai l'honneur d'être, avec un profond respect, Monsieur, votre humble et très obéissant serviteur.

REYNAUD.

Aix en Provence, 1er février 1850.

Au reçu de cette lettre, j'adressai la note ci-jointe à M. le Président de la République.

Paris, 4 février 1850

Note pour la mère du sergent Raoulx, un des 4 sergents de La Rochelle.

« Monsieur le Président de la République peut se rappeler que parmi les 4 jeunes sergents de La Rochelle, morts victimes des réactions politiques sous la Restauration, il y en avait un du nom de Raoulx. Avocat dans cette affaire, j'avais gagné la confiance de ces jeunes gens, si dignes d'intérêt, et Raoulx m'avait confié la douloureuse mission d'annoncer sa condamnation à son père. A la Révolution de 1830, celui-ci obtint une pension de 1.000 fr. qui constituait l'unique ressource de toute la famille. Il vient de mourir laissant sa veuve dans la misère. Cette pauvre mère, toujours inconsolable de la mort de son fils, s'adresse à moi aujourd'hui pour obtenir la continuation de la pension de son mari.

J'ai dû faire connaître cette circonstance à Monsieur le Président de la République et lui ménager l'initiative d'une bonne action. Il lui suffira de recommander cette affaire à Monsieur le Ministre de l'Intérieur. Je fais connaître, à l'avance, à la mère de Raoulx, en lui répondant, la bienveillance à son égard de M. le Président de la République ».

Sans attendre, en effet, le résultat de cette note, j'étais tellement certain de l'impression qu'elle produirait sur le cœur du Président que je ne craignis pas, en répondant aussitôt à la mère de Raoulx, de lui garantir sa bienveillance.

Il renvoya ma note à M. Odilon Barrot, alors ministre de l'Intérieur, qui m'écrit à la date du 18 février 1850, la lettre que voici :

« Monsieur le Président,

« La note que vous avez mise sous les yeux de M. le Président de la République en faveur de la dame Vve Raoulx, mère de l'un des 4 sergents de la Rochelle, m'a été envoyée par ses ordres, et je m'empresse de vous faire connaître que, pour obtenir la reversibilité sur la tête de cette dame de partie de la pension touchée par son mari, il est nécessaire qu'une demande directe me soit adressée.

» Je ne doute pas que la commission des condamnés politiques ne me fasse sur cette demande un rapport favorable et ne me permette ainsi de seconder l'intérêt que vous portez à Mme Vve Raoulx.

» Veuillez agréer, Monsieur le Vice-Président, l'assurance de ma haute considération.

« *Le Ministre de l'Intérieur :*
Odilon BARROT ».

En conséquence de cette lettre, j'écrivis de nouveau à la mère de Raoulx, pour lui conseiller d'adresser une demande à M. le Ministre de l'Intérieur.

Les choses en étaient là, quand j'appris par une lettre du 24 avril, écrite par son neveu, qu'elle venait de mourir.

« Monsieur, me disait-il, je ne saurais vous exprimer les sentiments de reconnaissance que m'a inspirés la lettre que vous m'avez fait l'honneur de m'écrire en réponse à celle que je vous avais adressée pour réclamer votre intercession en faveur de la mère de Raoulx. Cette lettre et la bienveillance que vous avez daigné nous montrer m'ont assuré que ce n'est jamais en vain que l'infortune s'adresse à vous. Cette lettre je la conserverai comme mon plus précieux titre de famille, je la montrerai avec orgueil comme un témoignage de votre considération pour les glorieux martyrs de La Rochelle et d'affection pour leurs familles.

» Ce sont les sentiments si obligeamment exprimés dans cette lettre qui me permettent de m'adresser de nouveau à vous.

» Depuis que vous m'avez fait l'honneur de m'écrire, la mère de Raoulx est morte après avoir fait, auprès M. le Ministre de l'Intérieur, les démarches que vous aviez eu la bonté de nous indiquer... »

PRINCIPALES SOURCES

Manuscrits

ARCHIVES NATIONALES :
    Série F⁷, *Police générale.* — *Conspirations de la Rochelle. Dossier.*
  Id. Série BB, *Justice, Divers.*

ARCHIVES DE LA PRÉFECTURE DE POLICE :
    Dossier des 4 sergents.

ARCHIVES DU MINISTÈRE DE LA GUERRE :
    Dossier particulier.
    Matricule du 45ᵉ régiment de ligne.
    Correspondance générale (1822).
    Dossiers individuels.

ARCHIVES DU DÉPARTEMENT DE LA CHARENTE-INFÉRIEURE :
    Registre d'écrou de la prison de La Rochelle.
    Actes d'État-civil de La Rochelle.

PAPIERS DU COMTE HENRY BOULAY DE LA MEURTHE RELATIFS AUX 4 SERGENTS :
    Ses notes d'audience, sa plaidoirie, ses souvenirs personnels.

COUR ROYALE DE PARIS :
    Arrêt de renvoi à la Chambre du Conseil de mise en accusation du 24 juillet 1822 (expédition du greffe).
  — *Acte d'accusation par le Procureur général du 25 juillet 1822 (expédition d'huissier).*

Imprimés

COUR D'ASSISES DU DÉPARTEMENT DE LA SEINE :
    Affaire dite de la Conspiration de La Rochelle. Résumé de la question légale du Complot (signé des 24 avocats des accusés).

DE MARCHANGY, avocat général à la Cour de Paris : *Plaidoyer dans l'affaire des 4 sergents de La Rochelle.* Un vol., Paris 1822.

DE VAULABELLE : *Histoire des deux Restaurations,* tome VI.

GUILLON : *Complots militaires sous la Restauration.*

FOUQUIER : *Causes célèbres.* — *Paris révolutionnaire* (tome II).

TABLE DES MATIÈRES

IMPRIMERIE DE L'OUEST
OO LA ROCHELLE OO

www.ingramcontent.com/pod-product-compliance
Lightning Source LLC
LaVergne TN
LVHW051112060726
842525LV00003B/888